地理学评论

（第六辑）

——第十一次空间行为与规划研究会
暨"时空行为研究与应用前沿"学术研讨会

周素红　柳　林　主编

2019年·北京

图书在版编目(CIP)数据

地理学评论. 第6辑 / 周素红,柳林主编. —北京:商务印书馆,2019

ISBN 978-7-100-17451-0

Ⅰ.①地… Ⅱ.①周…②柳… Ⅲ.①地理学—文集②人文地理学—文集 Ⅳ.①K90-53②K901-53

中国版本图书馆CIP数据核字(2019)第083053号

权利保留,侵权必究。

地理学评论(第六辑)
——第十一次空间行为与规划研究会暨"时空行为研究与应用前沿"学术研讨会

周素红 柳 林 主编

商 务 印 书 馆 出 版
(北京王府井大街36号 邮政编码100710)
商 务 印 书 馆 发 行
北京艺辉伊航图文有限公司印刷
ISBN 978-7-100-17451-0

2019年12月第1版　　开本 787×1092　1/16
2019年12月北京第1次印刷　印张 9¾

定价:33.00元

致 谢

第十一次空间行为与规划研究会暨"时空行为研究与应用前沿"学术研讨会的召开及本书的出版，得到了国家自然科学基金优秀青年基金项目"城市时空行为与交通"（项目编号：41522104）和国家自然科学基金重点基金项目"大数据支持下的犯罪地理研究——犯罪时空过程精细化模拟与防控优化"（项目编号：41531178）的共同资助。特此表示感谢！

目 录

前言 ··· (1)

时空间行为研究前沿与应用前景 ············ 周素红 柳林 保继刚 柴彦威(1)

第一部分 时空间行为理论前沿 ························ (7)

城市居民时空间行为的中美比较与理论创新 ·················· 关美宝(9)
时空间—行为互动理论构建 ························· 柴彦威(14)
大数据与城市居民空间活动分析 ····················· 杨东援(19)
基于城市多源时空数据的GIS研究 ···················· 李清泉(22)
特邀评议 ··· (26)
手机数据研究进展 ································ 王 德(29)
小汽车出行行为的差异对比 ························· 王冬根(34)
城市宜居性的研究进展 ····························· 张文忠(37)
智慧社区研究 ···································· 甄 峰(42)
特邀评议 ··· (44)

第二部分 时空行为大数据研究 ························ (47)

对于大数据与地理研究的一点思考 ···················· 刘 瑜(49)
空间、时间与人类动态：一个大数据透视 ··············· 叶信岳(52)
人迹地图——时空行为规划分析平台 ··················· 茅明睿(54)
基于大数据的城市实时交通数据推演 ··················· 黄 波(59)
特邀评议 ··· (61)

第三部分 时空间行为应用研究 ························ (63)

时空间行为研究及其应用方向 ························ 周素红(65)
基于工作地的北京城市居民出行链特征研究 ············· 张景秋(72)
住宅设计中的空间行为分析和消费者偏好 ··············· 高晓路(76)

快速公交与街道改造对墨西哥城公交沿线居民慢行活动的影响
　　……………… Annie Chang，Jason Cao，Luis Miranda-Moreno，Ben Welle(81)
　特邀评议 …………………………………………………………………………(84)
　自行车作为换乘模式在北京 TOD 地区的决定因素 ……………………赵鹏军(85)
　疏解北京：大都市人口与产业协同转移的时空模拟 …………………薛　领(89)
　领域理论及其视角下的在华外国人族裔聚居区空间生产 ……………刘云刚(95)
　特邀评议 …………………………………………………………………………(99)

第四部分　时空间行为与规划 ………………………………………………(101)

　基于社交媒体的城市情绪地图及其初步应用……………………………李　栋(103)
　三亚老年退休移民的流动与幸福感研究……………………徐红罡　寇力容(107)
　出租车 GPS 数据处理及其应用 ………………………………………胡明星(110)
　建成环境、交通出行与健康——基于中国个体 BMI 的实证研究
　　………………………………………………孙斌栋　阎　宏　张婷麟(114)
　特邀评议 …………………………………………………………………………(118)

第五部分　时空间行为主要专题研究……………………………………(121)

　第一分会场　时空行为研究应用……………主持人：刘志林　高晓路　袁媛(123)
　第二分会场　交通与大数据应用……………主持人：朱战强　张纯　朱玮(128)
　第三分会场　时空间结构………………………主持人：吴箐　阴劼　黄晓燕(130)
　第四分会场　休闲、旅游与生活质量……………主持人：赵莹　刘望保(133)
　第五分会场　安全、健康与出行………………主持人：王茂　产斯友　刘立欣(135)

结语 ……………………………………………………………………………(137)

第十一次空间行为与规划研究会暨"时空行为研究与应用前沿"学术研讨会
参会人员名单 …………………………………………………………………(138)

前　　言

地理学评论(第六辑)是第十一次空间行为与规划研究会暨"时空行为研究与应用前沿"学术研讨会的纪实。本书整理了该研讨会的主题发言实况和5个平行分会场的概况。

时间、空间与人类活动是人文地理学研究的永恒对象与话题，时空行为研究为揭示时空间与人地关系提供了重要的视角和理论工具，在理论传承与创新的基础上，如何进一步拓展其应用领域也已成为当前的重要方向。

作为时空行为研究的重要应用领域之一，城乡规划已进入从追求增量扩张到注重品质提升、从注重物质建设到关注以人为本的"新常态"。挖掘个体、群体与社会时空行为，探析个性化与社会化需求是人本规划的内核。时空行为与规划应用研究正迎来新的发展契机。

与此同时，"大数据"、"互联网＋"、"众包、众筹与众创"等热点的涌现，给时空行为研究带来一系列新的理念、现象和问题，海量时空数据的产生和新技术的快速发展也带来新的方法和手段。同时，为顺应学科交叉与融合发展，进一步拓展时空行为研究的应用领域，探讨其在规划、公共安全、健康、生活质量、虚拟与现实以及智能决策方法等方面的理论与应用前沿具有重要的现实意义。

为进一步促进时空行为研究的理论和应用拓展，交流相关领域新理论、新问题、新方法等方面的研究成果，2015年12月10日至12日，由中山大学地理科学与规划学院、中国城市时空行为研究网络主办，中山大学地理科学与规划学院综合地理信息研究中心承办的第十一次空间行为与规划研究会暨"时空行为研究与应用前沿"学术研讨会，在中山大学顺利举行。

大会得到了国内外专家、学者的积极响应与支持，共收到了来自近百个单位的300余份报名回执，有400余人签到参加了会议，包括来自美国伊利诺伊大学厄巴纳-香槟分校的关美宝(Mei-Po Kwan)教授，美国田纳西大学萧世伦(Shih-Lung Shaw)教授，深圳大学李清泉校长，同济大学杨东援教授，香港中文大学黄波教授，北京大学柴彦威教授，香港浸会大学王冬根教授，同济大学王德教授，中国科学院地理科学与资源研究所张文忠研究员，南京大学甄峰教授，中国科学院地理科学与资源研究所高晓路研究员，华东师范大学孙斌栋教授，北京联合大学张景秋教授，北京大学杨家文教授，美国肯特州立大学叶信岳主任，美国明尼苏达大学曹新宇副教授，以及主办方中山大学柳林教授、保继刚教授、黎夏教授、周春山教授、李郇教授、周素红教授、刘云刚教授等。

图1　第十一次空间行为与规划研究会参会人员

此外，本次会议作为一个跨学科的交流平台，会议期间也组织了国内外地理、规划和城市研究类主要期刊编委和负责人与作者的交流互动环节，并邀请到国内外重要的学术期刊负责人，包括 Annals of the Association of American Geographers 的关美宝教授、商务印书馆的李平副总编辑、《地理学报》何书金研究员、《地理科学》佟连军研究员、《地理研究》朱晓华研究员、《人文地理》李九全教授、《城市规划学刊》黄建中教授、《规划师》刘芳主任、《国际城市规划》孙志涛主任、《现代城市研究》赵捷老师、Frontier of Architectural Research 王兴平教授、Asian Geographer 柴彦威教授、Journal of Urban Management 吴宇哲教授和 Habitat International 张晓玲老师等参会。

中山大学周素红教授主持了会议，中山大学柳林教授、保继刚教授和北京大学柴彦威教授为大会致辞。美国伊利诺伊大学厄巴纳-香槟分校关美宝教授、北京大学柴彦威教授以及同济大学杨东援、深圳大学李清泉等28名海内外著名的教授、学者作了大会报告，内容秉承了时空行为的研究，呼应了"大数据""互联网＋""众包、众筹与众创"等新热点，在理论创新、方法创新和应用出口方面取得了重大突破，同时，参会学者的积极跨界交流也拓宽了时空行为研究的视角。

12月12日的大会报告后是期刊负责人与作者互动会。来自地理学、城乡规划学和城市研究领域的主要期刊负责人分别介绍了各自杂志的概况、定位、对稿件要求、发表周期等，并与在场读者和作者互动交流。随后是分会场专题报告，共设5个专题，分别在5个平行分会场中进行。各位参会代表分别就"时空行为研究应用""交通与大数据应用""时空间结构""休闲、旅游与生活质量""安全、健康与出行"主题进行口头报告以及墙报报告和展示，并与评议人和参会人员进行了深入的互动讨论，促进了国内时空行为相关研究及应用领域的交流，对我国今后时空行为的研究产生了积极的推动作用。

  在会议闭幕式上，关美宝教授、柴彦威教授、王德教授、曹新宇教授、周素红教授等分别作了发言，对两天的空间行为与规划研究学术盛会进行了分享和总结。教授们对本次盛会做出高度评价，本次会议参会人数为历届之最，学术报告形式丰富、讨论热烈、交流充分，引发了各位代表强烈反响。

时空间行为研究前沿与应用前景

周素红　柳林　保继刚　柴彦威

周素红：时空行为研究是揭示人地关系的一个重要视角和理论工具，基于时空行为研究的技术、方法和应用近年来在大数据和互联网的支撑下得到快速发展，也日益成为地理学、城乡规划学、社会学、犯罪学、公共卫生等学科共同关注的交叉新兴领域。

为进一步促进时空行为研究的理论和应用拓展，交流相关学科领域的新理论、新问题与新方法等方面的研究成果，我们今天在中大召开本次研讨会。本次会议得到了国内外专家、学者的积极支持，组委会共收到了来自国内外近百个单位的300多份报名回执以及上百个旁听参会申请，可见大家对这个领域的共同关注。我们向给予这次学术会议鼎力支持的各有关单位及个人致以诚挚的谢意！

参加本次会议的有本领域知名的专家学者，包括来自美国伊利诺伊大学厄巴纳-香槟分校的关美宝教授，美国田纳西大学地理系的萧世伦教授，深圳大学的李清泉校长，同济大学的杨东援教授，发起和主办历次空间行为与规划研究会以及本届组委会的柴彦威教授、王冬根教授、王德教授、张文忠研究员、甄峰教授、高晓路研究员、孙斌栋教授、张景秋教授、杨家文教授、叶信岳教授、曹新宇教授等，以及中大的柳林院长、保继刚教授、黎夏教授、周春山教授、李郇教授、刘云刚教授等。

此外，本次会议作为一个跨学科的交流平台，我们也组织了国内外地理、规划和城市研究类主要期刊编委和负责人与作者的交流互动环节，并邀请到国内外重要的学术期刊负责人，包括 Annals of the Association of American Geographers 的关美宝教授、商务印书馆的李平副总编辑、《地理学报》何书金研究员、《地理科学》佟连军研究员、《地理研究》朱晓华研究员、《人文地理》李九全教授、《热带地理》黄光庆研究员、《城市规划学刊》黄建中教授、《规划师》刘芳主任、《国际城市规划》孙志涛主任、《现代城市研究》赵捷主任、Frontiers of Architectural Research 王兴平教授、Journal of Urban Management 和 Habitat International 的吴宇哲教授等参会，本次会议还吸引了不少青年学者和博士硕士研究生参加，欢迎大家！

本次会议的大会报告录音整理后将作为《地理学评论》专刊在商务印书馆出版。会后也将择优推荐优秀论文组织部分期刊的专栏。会议安排了大会报告、编辑部（编委会）与作者互动会、墙报结合5分钟简短发言以及5个分会场专题发言等。期待各位的精彩分享。下面有请中山大学地理科学与规划学院柳林院长致辞。

柳林：各位同行，各位老师，各位同学上午好！首先请允许我代表会议的组委会，代表会议的举办单位之一中山大学地理科学与规划学院，代表会议的承办单位综合地理信息研究中心热烈欢迎各位来参加"第十一次空间行为与规划研究"的会议，欢迎大家！记得我来中大工作的第一年也就是2010年的时候也承办过一次这样的会议，当时只有几十人，这次会议我们最初也只规划了100多人的规模，到后来变成200—300人，今天到场的是400多人，应该说是这个系列会议有史以来规模最大的一次。有这样的成果，一方面是核心成员的长期努力，另一方面是承办单位的精心准备，在此我对大家一致表示感谢！

大家进小礼堂的时候有一块牌子，说明了这个小礼堂的历史，这个小礼堂也叫怀士堂，是中山大学举办重要会议的场所，之所以叫怀士堂，最早是由美国人安布雷·史怀士先生出资建造的，也算是中美合作的成果。今天来参会的有好几位是从美国来的知名学者，我注意到议程中有许多报告来自中美和中国跟其他国家学者合作的科研成果，所以选择怀士堂作为开幕式在国际合作方面是非常有代表性的。

作为院长，我不会放过一切为学院打广告的机会，今天也如此。有幸跟大家分享一个消息就是在今年9月份，我们学院正式挂牌成为教育部和国家外国专家局共同推进的国际化示范学院，我们叫地理国际化示范学院，现在全国大概有12所高校有国际化示范学院。在地理学科中，中大应该是唯一的一个。国际化给我们带来什么？这里我不一一介绍，我想突出一点就是接下来我们会大规模地招聘国内外的学者，所以我在此表态，非常欢迎北方的学者南迁，欢迎南方的学者向广州靠拢，欢迎海外的学者回国，如果大家对现在的工作很满意的话，欢迎大家为我们作宣传，打广告。开幕式致辞之后我马上要飞南京，参加国际化示范学院的研讨会，顺便请个假，下午再坐飞机回来参加明天的会议。

另外我作为承办单位——综合地理信息中心的主任，顺便也说几句，刚才的会议开始之前放的短视频就是中心的宣传视频，大概介绍了一下中心做的工作，基本上都是跨学科、有国际合作的，其中有一大块是时空行为。一谈时空行为大家可能都会谈浮动车、出行、大数据等等，实际上空间行为跟环境和天气密切相关，比如早几天北京的雾霾爆表，严重影响出行；我研究犯罪行为在大雨天的话相对较少，犯罪分子雨天也不出行。居于此类的研究，我们团队（综合地理信息研究中心）跟在座的各位都有合作的空间，所以欢迎大家以后常来中心交流，指导工作。

最后我说一点，相信大家都知道新形势下的新常态，所以我们这次会议是严格按照会议经费的管理标准来执行,如有招待不周的地方请大家海涵。大家可以在广州看到蓝天白云,空气很清新,所以希望大家在学术交流之余,也有机会到外面走走。最后祝大家工作跟生活都愉快,谢谢大家。

周素红:谢谢柳院长的发言,下面有请中山大学研究生院院长、旅游学院院长,同时也是2002年成立中大地理科学与规划学院的首任院长保继刚教授致辞。

保继刚:各位朋友,各位同行,老师们同学们,我现在的身份是人文地理学的教授,在这里说一点自己对地理学看法的感悟。我们这代人,突然间就成为了老人,上个星期六和星期天,创办《青年地理学家》的编委们在中山大学开了一个研讨会,《青年地理学家》从1985年创办到今年,一下子就过去了三十年。我们创办的这批人有的已经退休,最大的年龄是68岁,最小的也过50岁了,这代人在20世纪80年代有一个地理学危机的讨论;实际上是青年一代的一种集体焦虑,什么焦虑呢,就是对地理学理论的焦虑。因为我们这代人在20世纪80年代入学的时候,物理学是最红火的,数学也很红火。我们理科的人到了地理系之后,学到大学毕业,不知道地理学理论是什么,读到研究生,也不知道理论是什么。所以这次的集体焦虑引发了我们这代人集体的思考,思考的结果之一是我们创办了一个油印本的、没有"出生证"的《青年地理学家》。《青年地理学家》承载了这代人集体的思考,这些集体的思考变成了这代人集体的行动。以人文地理学来讲就是地理学的数量化转向,地理学的理论化转向,还有地理学的经济转向以及社会转向。20世纪80年代GIS兴起,以致空间技术的发展,可以说在某种意义上让地理学插上了一对新的翅膀,所以美国地理学的复兴,可能GIS起了非常重要的作用。在中国,也起到同样的作用。自然地理更加向分析化发展,学科越做越细,这样的一个集体的行动,又变成了我们过了三十年之后再一次集体的思考,地理学到底向哪里走?地理学自己的阵地在哪里?所以作为地理人,作为一个学术共同体的存在,我们一致的信念、价值、规范是什么?学术共同体最大的体征是大家有一致的信念,一致的价值判断以及研究的规范。空间的思维、空间的方法、空间的对象是地理学区别于其他学科的特征,是地理学的独立性,如果这个学科能独立存在的话,空间的思维、空间的方法、空间的研究对象是我们地理学科能够区别其他学科独立存在的条件。如果没有独立的东西,又会引发30年后坐在我们后面的年轻学者再一次的集体焦虑。

中国正在发生很大的转型,在这个社会转型的过程当中,空间重构将是一个重大的议题,也是一个实践的行动。从这个意义上讲,地理学将迎来一个富有活力的时代。这一次的空间转型,如果说用一两个关键词表达这次空间转型可能遇到的动力的话,大概一个是"有预期的收入",以及"有预算的消费"。"有预期的收入"和"有预算的消费"将成为下一个阶段国民消费空间改变的最重要的动力。我们这个会议，正好叫空间行为和规划，我们将面对的新一轮的消费就是每个人对自己的收入有预期，只要是收入有预期，消费一定就有预算，那这样空间行为就有规律可循，空间的改变、空间的重构就可以预测。我想这就是地理学将迎来一个新的富有活力的、知识积累加快并且将有地理学知识溢出的阶段。刚才我跟关美宝教授简单交谈了几句，她在健康方面做了很多工作，得到了医学方面人的认可，大家都说地理学总是被其他学者所看低，或者说是没有被认可，最主要的原因是地理学家做的工作有没有知识溢出。我们今天的人文地理用经济学的理论、用社会学的理论、用心理学的理论甚至人类学的理论来做事，那经济学、社会学、心理学、人类学是否用地理学的理论和方法去做它的研究，这就是我说的知识溢出和方法溢出。地理学只有做到了知识溢出和方法溢出，其他学科才会觉得你有用，而不是我们关起门来"自娱自乐"。我相信在这个转型阶段，在这次中国的空间重构当中，地理学一定可以做到有知识溢出，谢谢大家。

柴彦威：首先热烈欢迎各位来参加第十一次空间行为与规划研究会，我代表组委会来说三个意思。第一个意思是十年和三十年。这次会议是第十一次，就是说我们走过了十年。刚刚保继刚教授讲《青年地理学家》走过了三十年，我觉得三十年才能够做成一个大事。所以，我们第一个十年是学习、研究、探索的阶段，下一个十年会是创新和应用探索的阶段，再下一个十年我觉得是空间行为真正在规划、管理和国家政策制定方面以及在我们日常生活当中发挥作用的阶段。

中国有句老话，叫"三十年河东，三十年河西"。回顾我们中国近百年的发展，从辛亥革命到新中国成立大概三十年，1949年以后计划经济三十年，改革开放后的市场经济转型三十年。现在有一个普遍的共识是，下一个三十年是我们中国社会转型的三十年。所以，我们空间行为与规划研究会最少要坚持三十年。再过二十年我们回头看时空行为研究在中国的发展，我相信会是一个比较满意的答卷。

过去的二十多年，中国城市研究偏向于市场经济转型下的制度学派，对中国城市的行为视角研究太薄弱。正是这样，十年前我们城市地理学、城市规划学、城市交通学、GIS的同行在国际交流中感到了危机感、焦虑感，所以我们商议成立了一个民间的、跨学科的、以空间行为方法论探索为主导的研究会。最初大概是三十个人左右，现在年会是两三百人，所以我感觉这个事业是蒸蒸日上，我自己有这样的决心，也希望大家共同努力迎接我们下一个十年，然后共同战斗三十年。这是第一个讲的十年和三十年的关系。

第二个就是人才与青年。我觉得一个三十年的事业的发展是需要大家共同做事，特别是刚才保老师也说了《青年地理学家》培养了一大批中国地理学界的中坚力量，也为中国地理学做出了很重要的贡献。空间行为与规划研究会的舞台也是这样，是青年人的舞台！十年一代人！跨学科成长，我觉得最重要的是要吸引年轻人，培养新的跨学科人才。今天的会议，绝大部分是我们的青年学者和学生，我们希望这样保持下去。但是我也是有点感觉，就像刚才保老师所说的，我们比较老的这代人给青年的机会比较少，我们也在反思。希望以后有其他的形式，比如小型的论坛等，给年轻人更多的交流机会。

第三个就是机制与模式。过去十年多的空间行为与规划研究会，有的是结合了中国地理学会的会议或者国际会议的分会场来进行的，有一些是我们独立来做的，总体上保持了民间的形态，大家都秉持着自由探索的精神。但是，这个事情要做得有保障、长远，或者怎么有效地发展三十年，可能还要机制的保障。这个会议系列我们以前是没有主办单位的，这次我注意到主办单位有两个，一个是中山大学地理科学与规划学院，第二个是中国城市空间行为研究网络。我简单介绍一下这个国际研究网络，计划成立两个委员会，一个是学术委员会，大概50位核心成员，其中30位国内的学者，20位国际学者，我们希望这样的网络推动国际化和学术交流；另一个是执行委员会，就是大家自愿参加会议保障工作的同行，特别是我们希望更多的年轻人进来。我们也计划在中国地理学会以及中国城市规划学会下面成立相应的二级组织，实现我们空间行为研究的长效保障。另外，在研讨会的模式上，我们希望年轻的学者能够不断地创新。最后，我很感谢各位的参加，特别感谢中山大学地理与规划学院的大力支持，特别感谢周素红教授，谢谢大家。

周素红：非常感谢刚才三位教授的发言，他们分别从不同的角度介绍了这次会议的有关背景和展望等。柳林教授介绍了我们所在的小礼堂的历史以及中大地理学院和地理学科的基本情况；保继刚教授通过对地理学研究三十年的展望，鼓励大家怎么样在地理学理论、方法的知识溢出方面做出贡献；柴彦威教授给我们回顾了这项活动的历程，特别对年轻的学者们寄予非常高的期望。开幕式致辞环节到此结束，下面有请保继刚教授主持下一节主题发言。谢谢！

第一部分
时空间行为理论前沿

　　时空行为研究近年来得到快速的发展,多源时空数据的支持更进一步推动并发展了相关的理论研究。本部分报告者探讨了城市居民时空间行为的中美比较与理论创新和时空间—行为互动理论框架构建;结合当前时空大数据的应用,介绍大数据与城市居民活动分析、基于城市多源时空数据的GIS研究以及手机数据研究的进展。同时,从居民小汽车出行行为、城市宜居性以及智慧社区等专题,探讨了时空行为研究的新进展。

　　主持人保继刚:我们的会议主题是空间行为研究,好像不太注意时间行为,大家看看已经超出我们预定时间了,我们下面倒数5分钟提醒一次、3分钟提醒一次、1分钟提醒,然后"赶下来"。我们第一位主题报告人是关美宝教授,大家都很熟悉,我给年轻的同志做个介绍。关美宝教授现在是在美国伊利诺伊大学,她所在的地理系在全美今年排名第一,所以大家要到美国申请博士就找她。关教授可以说是我们华人地理学家在美国代际转向和方法转向的代表人物,我们有请关美宝教授给我们作"城市居民时空间行为的中美比较与理论创新"的报告。

城市居民时空间行为的中美比较与理论创新

关 美 宝

（美国伊利诺伊大学厄巴纳-香槟分校）

今天我想跟保老师一样说出我的想法，所以我就不会报告研究详细的内容和成果，想说几个想法，跟大家探讨时空行为规划的内容和今后的趋向。

我想说的，就是我们已经申请下来的国家自然科学基金海外及港澳学者合作研究基金延续资助项目的研究计划。很感谢国家基金委对我们之前合作项目的资助，是我跟柴彦威老师一起完成的，目前我们在那个基础上又申请了一个更大的项目——中美城市时空间行为的比较。在那边答辩的时候评委特别地提出："为什么是'时空间'？能不能删掉'时'字？"我说："不能删掉，因为时间太重要了，时间与空间一定要联系在一起。"他们说中美为什么要比较，都不同。这个也是新的想法，我去过很多地方工作，也做了很多的研究项目，我觉得国际视野太重要了，我们可以去学习，有的人就说我们中国的研究很特殊，全都中国化了。我是主编，很多人就说都是中国的文章，不能登，因为只介绍中国的研究案例不具有普适性。所以我就在想这样也不对，我们要看很多西方的理论，中国也有自己的特点，那我们怎么结合的呢？这个就是我对项目的想法，也希望大家可以明白，如果你们有兴趣也可以参加我们的研究。

我简单地介绍一下，我是这个项目的申请人，由于我提出了地理学研究范式的改变，就是推动地理学从一个范式到另一个范式，所以美国地理学家协会在2011年将美国地理学界最高荣誉——美国地理学会杰出学术成就奖颁给我，我也是一百年里唯一一个海外华人拿到这一奖项的。但是我觉得重点我们要推动地理学不同的走向，要推动地理学向外，好像保老师说的一样，柴彦威老师不用介绍了，在中国有名的冯健老师、周素红老师也在我们的团队。我们之前有发表中文和英文的文章，我的也发表在 Science 与 Social Science and Medicine，这样就可以说在医学方面我们也有贡献。我们在《地理科学进展》期刊组织过关于"时空间行为与地理学"的专栏。在中美的比较上面，我们也有关于时空间研究的书，就不多讲了。而比较重要的是我们建立中国时空间行为研究的网络，这次在这里是我们正式宣布这个网络的成立。我们希望可以用这个网络培养人才，有两个我们联合培养的博士研究生，现在都是华东师大的老师，是我们培养的在时空行为方面有贡献的年轻学者。

我们在时空间行为研究领域取得了一些进展，也建立了中美比较研究的框架，为中美城市的地理学比较建立了平台。另外我们想把混合研究方法引入城市地理学领域。混合研究方法是什么呢？就是 Hybrid Geography（混合式地理）。在 2004 年中国地理学会请我讲地理学发展的方向，我说好比保继刚老师说的地理学的研究通常是一元化的，有很多的空间分析，而由于大家的社会文化都不同，我们做空间分析的时候都很喜欢概括一些普适性的空间模式。我们觉得很高兴，这个 pattern（模式）不知道为什么觉得还蛮好，有了这个 pattern 我们就可以做预测。但是对于 social-cultural geography（社会—文化地理）的研究者，他们就觉得你不明白，你只是看到一些东西的表面现象，解释得并不详细。我的想法是其实可以结合在一起的，主要原因就是说我们要超越 cultural-social sciences（文化—社会科学）与 biological-physical sciences（生物—物理科学）的分裂。我们中美研究也是，当看到中国和美国不同的时候怎么解释呢？就是有 pattern 的时候去看他的 particularity，not just generalization（特殊性，不仅仅是普适性）。再比如我们在研究隔离的时候，为什么要研究时空间行为呢？因为如果你只是看居住的环境，不看其他的环境，即便是住在同一个地方，个人经历的环境也有不同的。所以我们就要看 people-based（人本的），基于人的行为分析，是很重要的。我们在制度上、经济上、文化差异上跟社会差异上比较的去看城市发展的阶段。

我们进行中美城市比较最重要的视角是，不一定是看它现在的 patterns（模式），而是看它的 process（过程），它的发展过程。好比美国的郊区化，很多有钱人搬去郊区居住，但是他们需要回来工作，造成交通拥堵问题。现在在中国的很多城市也有这样的过程，比如北京很多人都往返通勤，交通拥堵便是其中的一个问题。中国的解决方法跟美国也很像，就是建造更多的公路，但是我们在美国已经知道这样行不通，所以这对中国城市发展具有借鉴的意义。我们看，在中国以前有单位，而现在由市场主导了。美国没有单位，但是有社区，我们是市场主导的。现在美国的 social difference（社会差异）主要是种族的问题，在中国是民族的问题，所以我们在这些方面可以进行比较研究。当然我们的研究有创新的方面，我们有理论的创新，我们用了很多社会和经济的理论，但是地理有什么理论？这个是比较难的，我跟柴老师经常讨论中国城市地理有没有理论的问题。我们想要不要通过中美的比较，构建一个新的理论，因为我们在时间、方法方面都有创新。我们构建中国城市地理学研究的范式，这个也是源于我关于混合地理学研究的想法，就是我们可能看见的 patterns，我们可以 generalize（推广），但是在当中我们也看有什么特别的地方，看我们的构建和行为的范式。这个就是我们运用 GIS 做的追踪的分析，因为现在很多的数据也是没有新的方法，所以我们做了一些方法的创新。另外就是混合的研究方法，因为混合的研究方法可以用在很多的研究领域，这个我就不多说了，我们已经发表了一些论文，包括"芝加哥跟北京市居民活动空间的比较"等。具体来说，技术方面，我们用了 GPS 跟踪调查，这是很大的突破。二维是空间，三维

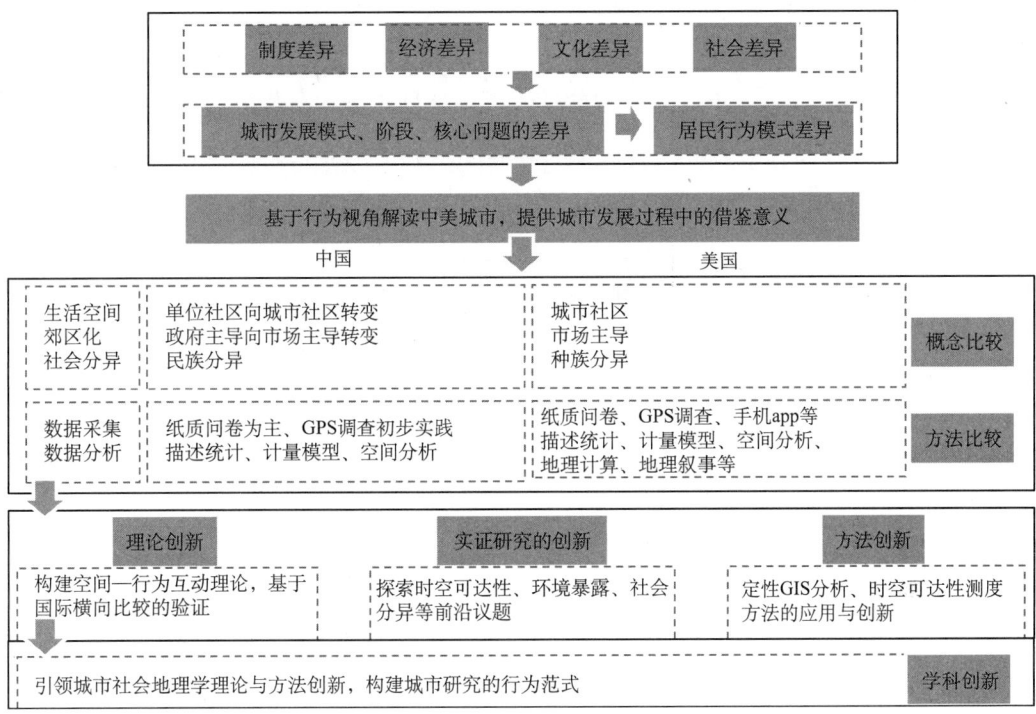

图 1-1 中美比较研究框架

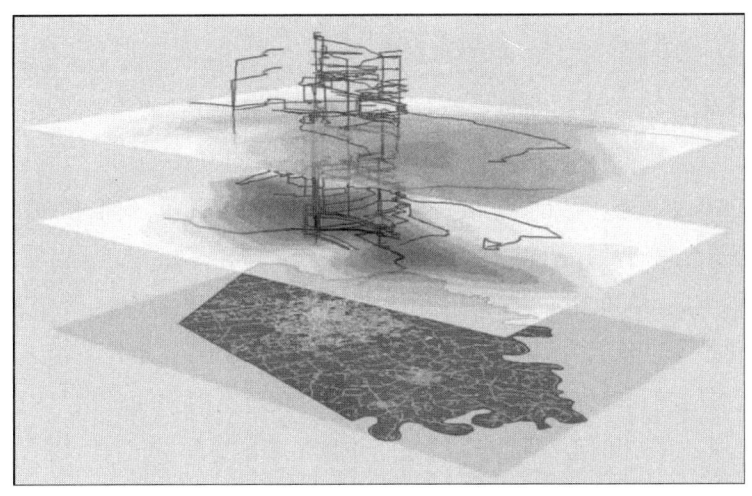

图 1-2 居民时空间行为轨迹的 GPS 追踪与分析

是时间,这就是时空间行为。每10秒钟会有一个数据来代表一个人的移动轨迹,我们可以把污染的数据放进去,将居民行为的数据与污染暴露相结合。

我们觉得定性的分析也是一个很好的探索。用地理叙事的分析方法,不仅是跟踪人的轨迹,还要把他的感情表现出来。这就是我在国际上提出来的、也在中国推动的混合研究方法。

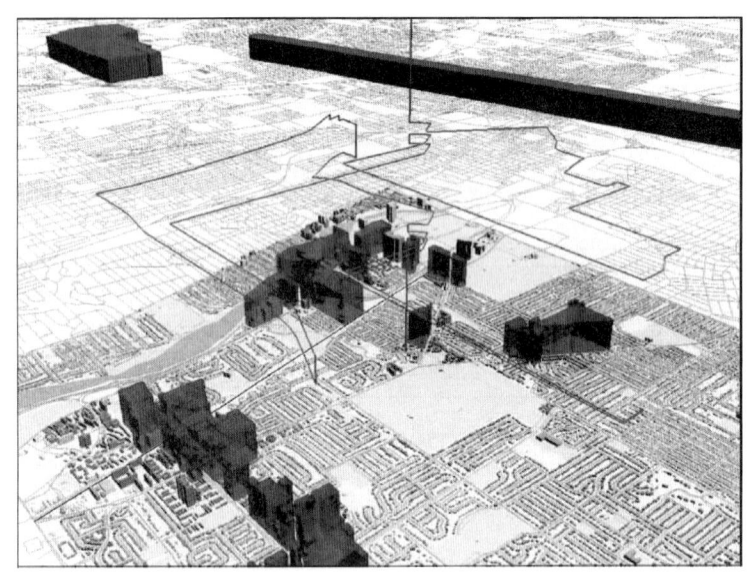

图1-3　混合研究方法应用案例:典型穆斯林女性样本"9·11"事件数周后的生命路径

我进一步想重点讲的是,以前也有中美的合作研究,也有研究网络方面的,以 John Logan 为代表的,主要是研究中国的经济转型,但是我们觉得应用市场经济转型理论研究中国城市问题具有不足之处,因为刚刚说中国人的消费能力很强,其中很多影响我们的行为,我们要从个体去看,我们要通过中美城市的比较,采集纵向的截面数据,借鉴美国城市发展的经验去解决中国城市的问题。我们的研究问题想集中在三方面,就是环境污染与健康、可达性和社会分化。所以我们要的不只是基于地方和个人的研究,而是城市空间与行为互动的理论。这些都是我们对时空间数据的挖掘,看行为在时空间中的分别与中美的比较。特别值得一提的是我们在用时空间行为研究进行中国城市的应用,进行生活圈的研究,我觉得这个对规划也很有影响。因为仅限于对富人的研究就不是很有意思了,还有 qualitatively,他们可能生活在一起,但是有不同的生活体验。

最后讲一下我们即将开展的调研,我们在北京、芝加哥、广州都有调研,也不止这三个城市,还有洛杉矶跟西宁我们都曾经调研过。这个就是我们的数据,我们也建了一个数据库,纵向、横向地做分析和比较。另外我们想在2017年先做一个预调研,主要在社会网络、健康、日常活动等方面。

最后就谢谢大家,因为时间不够了,如果你们有兴趣参与这个项目,我们也很欢迎大家,谢谢。

主持人保继刚:谢谢关美宝教授为我们节省了2分钟的时间,同时我们应该为关美宝教授在美国获得华人地理学家唯一的一次大奖给点儿掌声。第二位主题演讲嘉宾是北京大学的柴彦威教授,他的学术成就我就不多讲了,整个会议最早就是他发起的。下面有请柴教授。

时空间—行为互动理论构建

柴彦威

(北京大学城市与环境学院)

谢谢保老师的介绍和勉励,我今天讲一个空间—行为互动理论构建的基本思路,也是跟关老师合作思考的问题。刚才保教授讲到的一句话就是说方法转向或者范式转向,我要说的行为范式起源于上个世纪六七十年代的西方发达国家,而我们中国现在普遍的共识是"十二五"规划开始以后我们要"科学发展观、和谐社会、低碳社会、智慧城市"。所以,这个行为范式我们要比发达国家落后四五十年。

大概在十年前,也是在南京大学召开人文地理沙龙的时候,我们也讨论过中国人文地理学跟国际人文地理学的差距,确定我们应该追赶的方向是什么。当时我也说到社会地理与行为地理,时空行为研究是我们应该追赶的一个重要方向。

刚才关老师也说了中国城市的时空间行为研究范式,应该建立中国城市研究的行为学派,这是一个总的方向。我自己做的研究是时间地理与行为地理,刚才商务印书馆的李平博士说应该把那本《空间行为的地理学》一书拿到会场来展示,因为我们花了十年时间翻译了戈列奇大师的《空间行为的地理学》,这本书应该是空前绝后的绝佳教材。戈列奇是关老师的博士导师,关老师也是中国人当中其唯一的真传弟子。

我自己做的偏时间地理。时间地理学是20世纪六七十年代在瑞典发展起来的,当然现在国际上有很多时间地理学研究的能人,大家在共同推动时间地理学的创新。我学习时间地理学是在日本留学的时候,博士论文是用时间地理学方法来比较中国与日本的城市空间,回国后一直致力于时间地理学研究成果的引进与在中国城市的应用。经过了这样的一个过程之后,我们怎么去看待过去20年的时间地理学和时空行为研究呢?

我觉得时间地理学还是开启了一个新的视角,就是从时空行为来研究城市、城市空间、城市社会、城市化、城市生活方式,尽管现在还没有构建一个独特的中国模式,但是我们对中国城市的行为解读还是有一定的发展。近年来,国内外同行都在探索时间地理学在城市规划、城市管理和城市政策中的应用,这是一个方向。我们想,不论在理论建设还是在国家的发展上,都应该从空间行为视角来进行研究。

今天我要说的是一个时空间—行为互动理论的构建设想。人类行为与空间的互动研

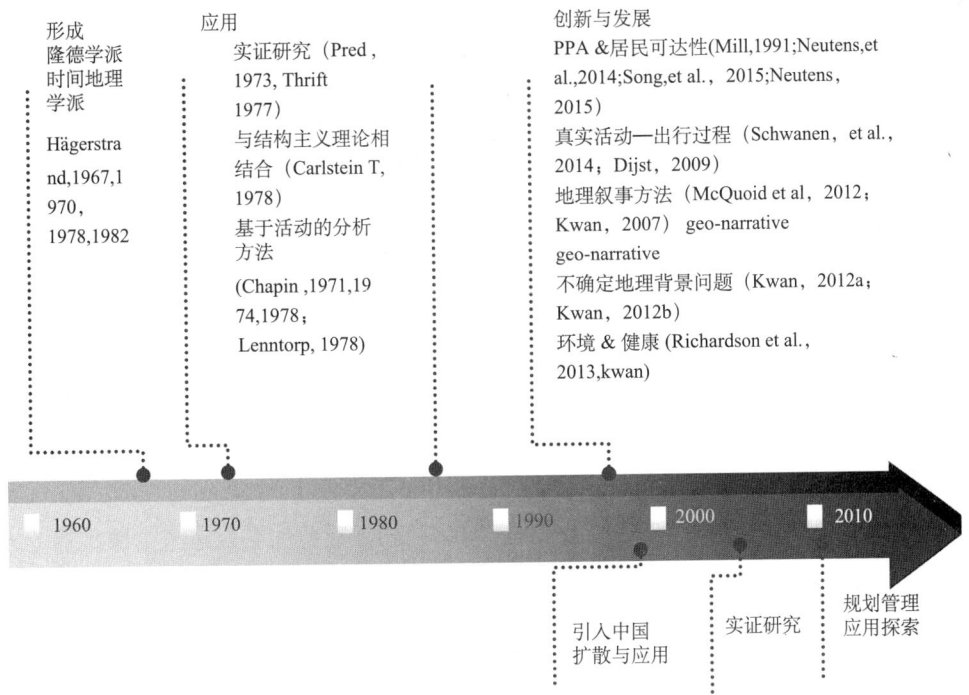

图 1-4　时间地理学的发展

究,我认为还是不足的。一般的概念模型有一些,解释模型也有一些,但是还是不太够。所以,刚才关老师说的中美城市比较也是力图构建一些能够走出去的、对国际上有贡献的模型。其次,深层次的社会空间作用机理的解释还不够,特别是现在我们的社会越来越注重生活质量,注重个人主义以后,个体行为对空间作用方面的研究还是不够。所以,我们希望有这样视角的东西,思考这样一个总体的架构,就是以时间地理学为核心,以行为相关的理论来作为理论基础,研究空间—行为互动理论。也就是说,从空间作用于行为的方面以及行为作用于空间的两个方面来建构这样一个理论。最后,我们在不同的空间尺度、不同的时间尺度、不同的人群尺度上进行这个理论的验证和构建。

我再解释一下这个技术路线图,这是一些理论基础、方法论基础,这是数据、方法,这是不同的验证,我等一下会说到不同城市、不同空间尺度之间的空间—行为互动模式的比较;还有不同时间尺度的,因为我们积累了 20 年的数据,我们计划做一个 10 年的变化数据(纸质问卷),5 年跟踪的一个数据(GPS 调查),我们希望找到同样的人来做这样一个变化的研究。不同人群的空间—行为互动模式的特殊性研究将是我们讲的和谐社会背景下的研究重点。

时空间行为—空间互动理论的认识论基础,是对社会空间互动理论、社会空间辩证法等相关社会科学理论的学习与借鉴。但是，这些东西对于我们做地理学、城市规划研究的人来说太哲理化，也没有空间的模式，没有落在空间上。当然也有一些社会学的研究是拿空间的视角来做的，但在落地上还是存在问题，可能它就是偏向哲理的研究。还有，就是理论化的模型还是解释不够，因为对人的微观的透视还是不足的。而这方面时间地理学、行为地理学给我们提供了一些好的手段。

时空间行为—空间互动理论架构的方法论核心就是行为主义地理学、时间地理学和活动分析法这三套对人的时空行为研究的方法论，这个都是大家比较了解的。对时间和空间的理解主要是主观和客观相结合的一个过程，还要应用到规划里头去。这个方法论基础要跟这些方面的总结和提炼、反省的基础上来提出。核心的方法论，我觉得应该以时间地理学作为最主要的方法论基础，因为时间地理学对时空间行为的解读非常有效。我们从看英文文章、参加国际会议发现，行为主义地理学已经属于正常发展的阶段，而时间地理学这十多年来在国际上仍然是非常热的研究，跟GPS、GIS、ICT、大数据的结合是一个很重要的方面。

我认为，怎么样从地理学的角度提出时空间—行为互动研究的构架是很重要的一个思考。目前的时间地理学研究还存在很多问题，关于行为对空间的作用的讨论还是不足的，对个体行为分析还是比较片段化或者说是比较汇总化，时间地理学中对主观能动性的结合问题还有很大的发展余地，定性GIS、地理叙事方法等探索还远远不够，我觉得我们做得还是很不够。

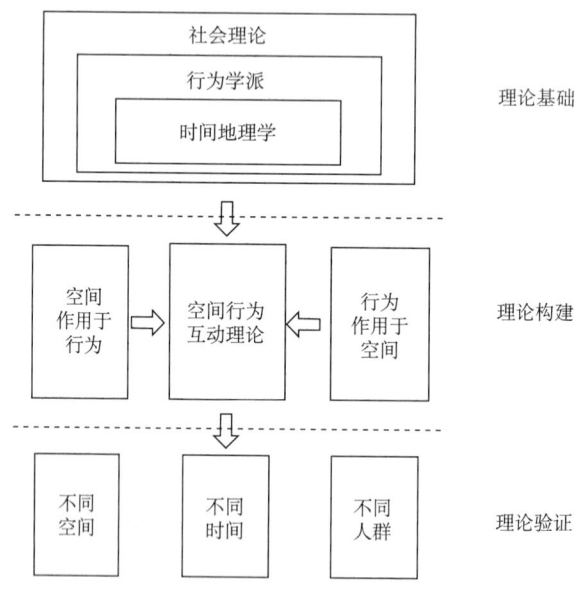

图 1-5　空间—行为互动理论的构建思路

关于时空间行为与空间互动的研究方面，现在对空间如何作用于行为的研究相对较多，很多研究是做建成环境对购物的影响、对通勤的影响；反过来，时空间行为是怎么样作用于空间的，我们的研究相对做的比较少。所以，怎么样把这个互动的机理通过模型、模式刻画出来，我觉得是今后要发展的重要方面。

刚才关老师也说到了我们中美城市空间行为比较研究的数据基础，目前有很多人做了这样的行为调查，我们希望通过中美的数据比较之后提出一些中国的模式。由于时间关系，也由于现在我还处在一个理论的构建阶段，我就简单介绍这么多。我跟关老师有一个国家自然科学基金资助的海外合作项目，下面四、五年要做这个工作，也感谢在座的专家们的支持，希望五年以后对理论有所贡献，实现中国城市时空间行为的研究范式的建构。

图1-6是去年在瑞典的一个国际时间地理学日的学术研讨会，号称是时间地理学的国际峰会上，时间地理学派的创建人之一Kajsa教授的研究。明年是哈格斯特朗诞辰一百周年，我们正在策划在瑞典召开一个国际会议，在座的关美宝教授、萧世伦教授都是核心人员。Kajsa教授现在有个项目就是研究时间地理学在国际的传播与创新，她要访谈十几个国家的时间地理学者，之后会写一本书，值得期待。她也在编写一本《时间地理学》，希望是瑞典语与英语、中文同时出版。我们中国的时空间行为与规划研究团队也在谋划出版《时间地理学》、《行为地理学》等。

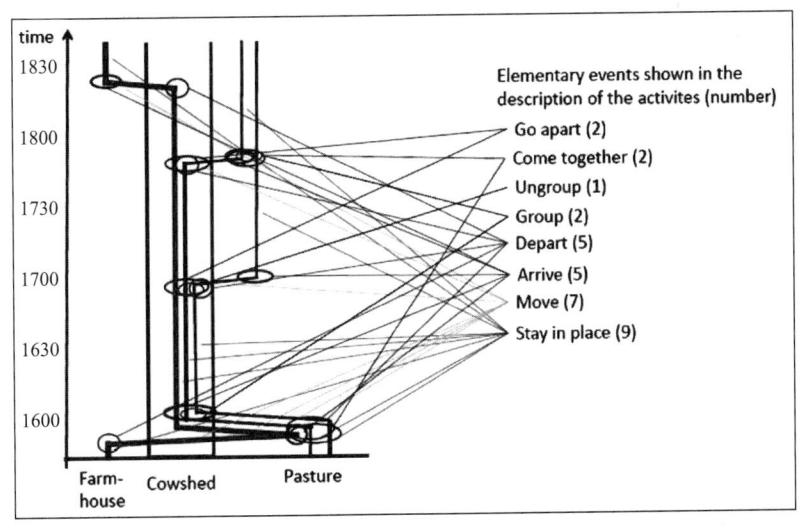

图1-6　时间地理学的新发展（Kajsa Ellegård，2016）

刚才我说到为了发展我们中国的行为学派，十年前我们一帮人跨学科成立了一个民间的空间行为与规划研究会，每年的学术研讨成果对我们很有帮助。今年在芝加哥的AAG上也有一个中国城市时空间行为与规划的专题会议，我们同时成立了中国城市时空间行为研究国际网络(简称为 UCSB)。明年在北京的 IGU 大会上我们也申请到了一个相关主题的会场,希望大家踊跃参加。我要说的就是这些,希望大家交流和批评指正,谢谢。

主持人保继刚: 感谢柴彦威除了给我们做了精彩的报告,还给我们省下宝贵的 3 分钟。我们下一位演讲者是杨东援教授,也曾经担任同济大学的副校长,是建设部交通工程中心的副主任,中国智能交通协会的常务理事。主要研究的领域是城市交通规划,交通需求模型、智能交通系统、物流系统的规划。他曾经主持过上海世博会交通体系规划的研究,大家知道上海世博会短短半年的时间,7 000 多万人进去参观,每天平均 40 多万人进去,这么短的时间游客高度集聚,交通规划是非常重要的,上海世博会这么成功,整个交通的规划也是有很大功劳的,下面有请杨教授作大数据与城市居民空间活动分析的报告。

大数据与城市居民空间活动分析

杨 东 援

（同济大学建筑与规划学院）

尊敬的大会组委会，尊敬的主持人，各位老师各位同学，很感谢有机会进行这种跨学科的交流，这会促使我们产生很多新的火花。相比其他学科，城市交通学科要更多地面对难以解决的社会问题，常常受到社会各方面的责难，因此必须不断地思考一些重要问题。

交通领域的理论研究往往是问题驱动的，从实际中产生重要的理论变革需求。最近新一轮城市总体规划正在逐步展开，与以前相比需要面对城市群发展、城市空间结构重大调整等新问题，所以在城市总体规划纲要阶段，城市规划和交通规划之间需要就城市空间结构和功能布局展开深入的讨论。在这种讨论中我们会发现传统的分析手段开始失效，基于OD（出行起讫点）的数学模型在规划纲要阶段，在用地强度等一系列因素都不确定的情况下很难使用，因此我们不得不讨论如何来与城市规划之间建立新的话语体系进行对话。在这种背景下引发了一系列的思考，交通是一个复杂适应系统，这类系统很难把一部分剥离出来单独研究，传统牛顿体系还原论的研究方法遇到了困难。因为对于复杂适应系统来说，切断了部分联系之后会失去许多产生于系统要素间关联的性质，需要探讨采用某种整体论的观点来构建新的研究体系。

移动通信信令数据提供了对研究对象空间活动连续追踪的信息，因此可以有效观察通过在时间积累形成的大尺度空间活动模式，而且产生了我们过去调查手段不能比拟的大样本、"广谱"观察的可能性。当然这一应用过程中我们也面临新的挑战，大数据表面看数据是丰富了，但是并不完备，存在许多陷阱。比如说有的互联网企业曾经采用所掌握的数据分析城市居民空间活动，在此基础上提出北京人均出行距离22公里、上海的人均出行距离15公里等特征指标。但是交通规划师认为这一数据比较居民出行调查获得的数据相差太大，比调查数据大了一倍左右。为什么会出现这样的问题，因为它的抽样是偏的，依靠用户登录来得到的数据有可能没有掌握大量的短距离出行信息。因此，面对多种数据源非规范的大数据，必须考虑如何正确应用。

对于交通领域的大数据分析来说，方法隐藏于问题背后。

由于职住联系产生重要的交通需求并影响城市空间联系结构，自然成为交通规划与城市规划共同关注的问题。但是职住关系真的会像规划师所设想的那样取得平衡吗？许多案例告诉我们由于房价、社会联系等多方面复杂因素，职住平衡呈现复杂的多样性。现实数据告诉我们，职住关系尽管复杂但并非不可把握，在不同城市建成环境中的居民，其职住关系和活动空间存在很大的差异，这种差异反映了区位等因素的影响。

交通规划需要与城市规划之间形成一个战略性沟通，借助大数据所提供的分析能力探讨建设城市健康空间结构的可行性。针对这方面讨论不能建立在传统基于OD(出行起讫点)概念基础上，这一方面是由于移动通信、公交IC卡等这些数据很难区分是否属于连续出行，因此不能准确告诉我们某个时间段内所发生的OD概念基础上的出行次数。另一方面当我们讨论居民活动空间与城市建成环境之间的关系时，更加关注的是时间累计效应的影响。事实上，移动通信数据虽然在准确追踪传统概念的出行上遇到困难，但其擅长检测用户经常活动的空间位置。适应新数据特点改变传统的出行特征表达方式，将有助于扬长避短，更加契合所需要讨论的问题。

围绕居民活动空间与建成环境相互作用的研究，针对移动通信的数据、公交IC卡数据和车辆牌照识别数据的特点，需要在新定义的属性概念基础上建立分析方法。首先是根据大数据的特点建立新的度量指标，例如采用锚点(夜间出现频率最高的位置)、驻点(用户经常活动的区域形心)、活动熵(空间活动的随机程度)等概念给出用户活动空间的特征属性，或者采用非参数估计方法建立活动点空间分布曲面。同时，基于这些指标对用户进行聚类分析，从而为分析不同类型个体的空间分布奠定基础。

为了便于采用数据仓库的形式处理海量数据，建立了多维数据模型，包括时间维、空间位置维、组群属性维度。从城市交通的角度来说，更多关心的是整个城市空间范围内不同类型个体的活动，通过聚类分组能够简化数据并进行更加细致的比较分析。例如相同类型个体在不同城市建成环境条件下的空间行为差异，不同类型个体在相同建成环境下的行为差异等。从现在检测数据看，各种连续追踪的数据基本都可以做到比较有效的分类，比如：公交IC卡数据，可以区分出将公交作为依赖性交通方式人群、偶然使用人群等；车辆牌照检测数据，可以将车辆个体划分为主要用于通勤类、高频度使用类和低频度使用类等。

在度量的基础上，还需要研究如何寻找各种空间属性之间的关系。例如，如果我们将居民活动空间看作Y，将建成环境视为X的话，还是要建立一个$Y=F(X)$的映射关系。利用大数据观测广度，我们可以观测不同类型的个体在不同的外部条件下空间活动表现。例如居住在城市不同区域的居民，在工作日和非工作日的活动空间差异，从而使得Y和X形成一系列变化的组合，表现出变化的关联性。但是F并不一定是数学形式，可以是专家群体依托证据确定的两者间映射关系。对于这类因果分析的过程实际上是一种证析的过程，具体来说，一方面是求证，也就是提出一种假设，用基于各种数据生成的证据，来验证假设的真伪；另一方面是分析，也是强调对未知的发现，需要特别注重探索性数据分析，即发现我们所不知道的事情，而不是满足于对已知的验证。证析过程中，基于大数据得出来往往是一些间接证据，因为大部分数据不是专门为我们的分析准备的。如同法律一般，当只有间接证据时必须形成完整的证据链才能判案，因此在大数据分析中需要强调多源、多角度分析，形成相互印证的间接证据集合。

最后要讨论的是如何将大数据与跟复杂性理论相结合。城市交通之所以需要大数据是因为其研究面对的是一个复杂适应系统，我们需要多角度、多层次、深入持续地观察这样一个系统。对于这样的系统不可能在某些假设下做优化，需要强调动态监测和调控能力。为此需要研究城市交通系统的"涌现"的观测方法，以便及时把握系统的演变。

对于城市交通大数据分析来说，如何将数据资源转变为决策能力进而达成行动效果，是整个研究工作的主线。只有不同学科、不同领域的协同，我们才有美好的明天。谢谢大家。

主持人保继刚：谢谢。我们说城市让生活更美好，现在的城市生活却越来越糟糕，特别是交通，杨教授的演讲对我很有启发，我主要是研究旅游，我研究的所有人群里面的在非惯常环境中移动部分，就是说的旅游，这部分的交通行为与常住居民完全不一样，它的频度、频率、使用交通的方式是不一样的，北京的拥堵跟我们一年2亿人的游客是非常相关的。我们这一节最后一个演讲的是李清泉教授。李清泉教授是深圳大学的校长，国际欧亚科学院院士，主要在做GIS、交通、大数据研究，主持开发了拥有自主知识产权的无人驾驶智能车，还有LD激光扫描系统，他的研究成果体现了理论和产业的结合。下面我们有请李清泉教授给我们作"基于城市多源时空数据的GIS研究"的报告。

基于城市多源时空数据的 GIS 研究

李 清 泉

（深圳大学）

谢谢保院长。非常高兴有机会来中大，每次来中大都感觉特别舒服，特别是这里的环境还有这座楼，感觉很有大学的氛围，我是三年前到深大，总是感觉年轻的大学缺点什么，所以每次来中大会有这样的体会。刚才听了几位嘉宾的演讲我也很有启发，最近我也在思考一些学科的问题。我是搞测绘的，实际上随着新技术的发展每个学科都面临着巨大挑战和机遇，就拿我们测绘这个古老的学科来说，其实我们面临的挑战是非常大的，现在有了 GPS，传统的大地测量就变得非常简单，有了卫星遥感以后，传统的摄影测量重要性就大大降低，有了 GIS 以后，传统的地理学也广泛地被运用。在这个过程中我们也在思考，随着新技术应用我们学科往哪里发展？我觉得机遇与挑战并存。其实我们测绘学若干年来并没有因为新技术的发展而消亡，反而有更多的机会，比如传统的大地测量，有了卫星定位现在不仅仅在做静态测量，可以做到实时导航上去，做到在线位置服务上去。我们 GIS 原来是一张地图，现在可以做到城市规划和管理中去了，做到智能交通中去了，也可以做到环境和生态等等方面了，当然我们也存在很多困惑，刚才柴老师说的本学科的基础理论问题在哪里，核心的科学问题是什么，有时候感觉 GIS 怎么做着做着就做到别人领域里面去了。

我是学测绘专业的，到了一个没有测绘专业的学校当校长其实也很有意思，对自己来说也是一个挑战，在一个没有自己专业的大学里面当校长还要把学校办得有模有样、快速发展还是挺难的。深大以前没有 GIS，目前也没这个专业，但是我们有个实验室，正在准备办一个专业，我们起了一个英文名称叫"Urban Informatics"，中文名称还没有想好，我们认为这可能是传统测绘学科一个未来发展方向。

我们做 GIS 的人最近有很多思考，传统的 GIS 是从二维空间的点、线、面发展到三维、动态，GIS 在近十年进入了新的时代。像萧老师多年前作报告提到的"时空 GIS"，可以相对于时空地理来看。因为我们搞 GIS 的人首先是关注数据，随着数据获取手段和技术的发展，传统的 GIS 已经没有办法满足我们对现有数据的管理、分析的需要，所以必须要有新的技术手段。当然这些数据特点大家可以看看和我们传统的数据是不一样的，这也是美国科学院提出来的关于地理空间新的领域所提到的。我们以深圳为例，介绍我们现在有什么数据。跟刚才杨老师说的相似，这就是深圳现有的：比如说深圳的地磁数据，在每个车道上安装一些感应器来获得交通信息，还有是高清晰视频数据，可以清楚地识别到车牌，非常丰富；我们最近搞了一个学生竞赛，我们把其中一些数据拿出来跟大家分享，其实每一种数据都有它自己的特点，可能只能在某一个方面回答某些问题，而不能在所有的方面回答所有的问题，因此多源数据的融合就显得非常重要；我们还用一千多万的手机数据来做整个深圳市的人口分布密度分析；结合我们跟腾讯合作的社交网络数据分析，来看千万级的用户在空间上的一个关系；我们还分析了室内定位的数据——轨迹数据，对这些数据的管理我们有了新的手段和方法，这里面包括对它进行空间的建模和可视化分析，进行各种数据挖掘。我们建立了时空 GIS 的平台，在这个平台里我们就可以实现刚才说的时空大数据的管理和分析。其中的结构主要是运用了流数据和非关系数据库的一些技术和手段例如可以在这个平台上分析基于一些时空数据的 OD 情况。

最后我想介绍一下我们最近做的一些分析工作，交通分析很多人做了，我就不再提了，主要关于城市空间结构。我们搞 GIS 的人不小心又做到城市规划里面去了，我们尝试可不可以也根据这个数据来做城市空间结构分析。传统的对地观测用遥感或实际测量的方法来获取地表的一些几何变化和其他的一些相关的信息，然后来推断人和地的一个相互关系，而我们现在提出的一种新的思路是通过直接来观测人的空间活动来推断人地关系。举个例子，我们通过遥感的方法来获得土地覆盖情况，但是换种思维，可不可以从时空大数据中，直接利用人的活动数据来推断土地利用变化，我们做了一些尝试。这个是人们在社交网络留下的轨迹而做出的一个足迹分布，根据它的强度我们也可以看到人类活动分布的情况。我们希望利用社交网络数据建立一个人类活动类似于遥感高光谱的影像，通过这个影像我们可以合成出一些类似于遥感对地观测的结果，但又和我们传统遥感不一样的结果。这是我们做的一个例子，希望用电子轨迹来做一做城市土地覆盖的情况，我们将电子轨迹进行抽样，按照不同的数据做成不同光谱的波段，对不同的波段进行有效的合成，我们可以得到像这样的结果，这个不是用遥感获得的，是用电子轨迹获得的，类似遥感的图像，结果发现和我们用传统的遥感得到土地利用变化的结果有 75% 是吻合的。当然有些出入，比如一个废弃的厂房在遥感里面是一个工业区，而在人类电子轨迹中是空旷的地方（图 1-7）。我们还做了一些研究，用手机数据分析一些土地利用的变化，主要还是基于刚才的出发点，从人类活动的轨迹比较传统的对地观测进行不一样的研究，我们用公交卡，用智能卡对地铁的出行分析，比如对典型的工作地、居住地的识别，另外又用这个分析城市规划里面的组团结构（图 1-8）。大家知道深圳是因为组团的结构所以交通状况比较好，最近也堵得比较厉害，就怀疑是不是这个组团结构被打碎了，这是跟王冬根老师合作的。通过这些数据我们可以发现这些电子轨迹的聚类分析实际上是可以获得群体空间的规律，可以判断城市的组团是不是存

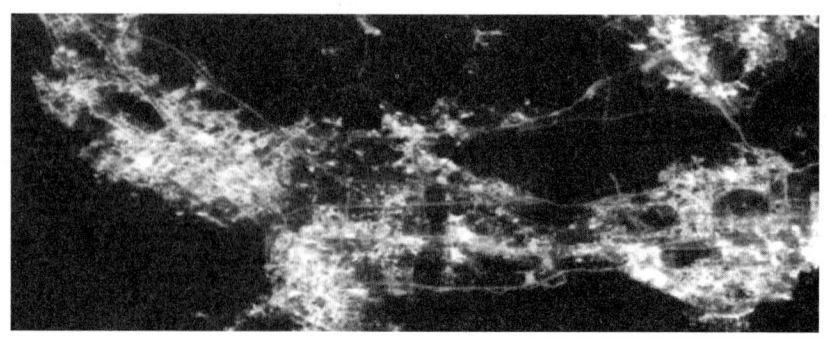

图1-7 人类活动波段合成➔图像增强

在,或者是怎样的存在。最后可以得出结论,就是这个组团依然是存在的,深圳有三百多万辆的汽车,只有一千多平方公里的建成区,虽然堵,但是比北京、广州好多了,这个可能跟组团结构有一定的关系。

还有一些其他的研究,包括基于时空组织的电动车充电桩优化和选址,我们用武汉出租车数据进行商圈的影响力分析,另外我们一个博士后在做疾病的空间分布,利用深圳的数据分析高血压住院患者的空间分布,其实这个高血压病人在城区里面分布是不一样的。还做了肝癌患者的分析,深圳现在的癌症发病率在不断地上升,现在正在分析,地理环境大家都觉得有关系,涉及肝癌患者的时空间变化趋势,我们特别想做对未来的疾病的预测,这个对于公共卫生是非常有帮助的。现在大家可以做雾霾对疾病的影响分析,但是深圳因为没有雾霾所以这个做不成,今天深圳PM2.5是小于10(开玩笑)。后面我们也想做更多的研究,希望能够利用时空GIS的方法来解决一些跟社会发展、人类生活相关的问题。同时我们也面临很多挑战,就是数据隐私的问题、取样偏差的问题,等等。我们在2014年写过一篇文章,就讲到大数据GIS,从GIS的角度怎么来发展学科和技术。

最后做个小小的广告,关于深圳大学招人的广告就不做了,大家都知道为什么有那么多人愿意到深圳大学工作,我们提供了各方面好的条件。我们的研究所也常年招收博士后,还有联合培养博士等等的活动,我们可以提供让大家非常满意的各方面的条件,欢迎大家到深圳大学,谢谢。

主持人保继刚:谢谢李教授,不知道深圳PM2.5对我们北京来的同行有没有吸引力。第一节的四位主题报告就做完了,后面由王冬根、张文忠、王德三位教授评议,每个人3分钟。

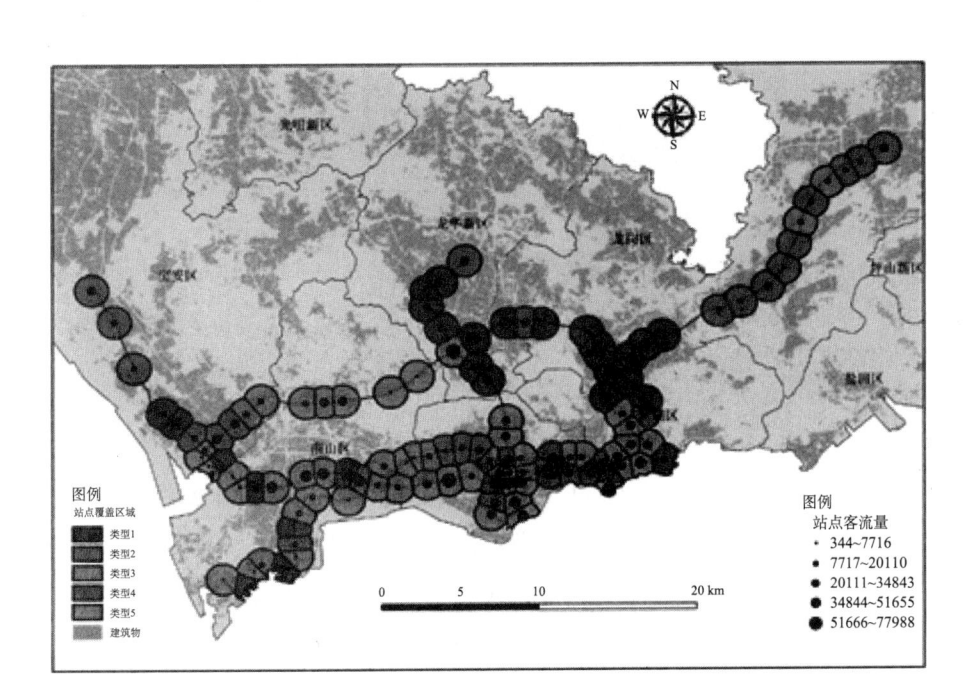

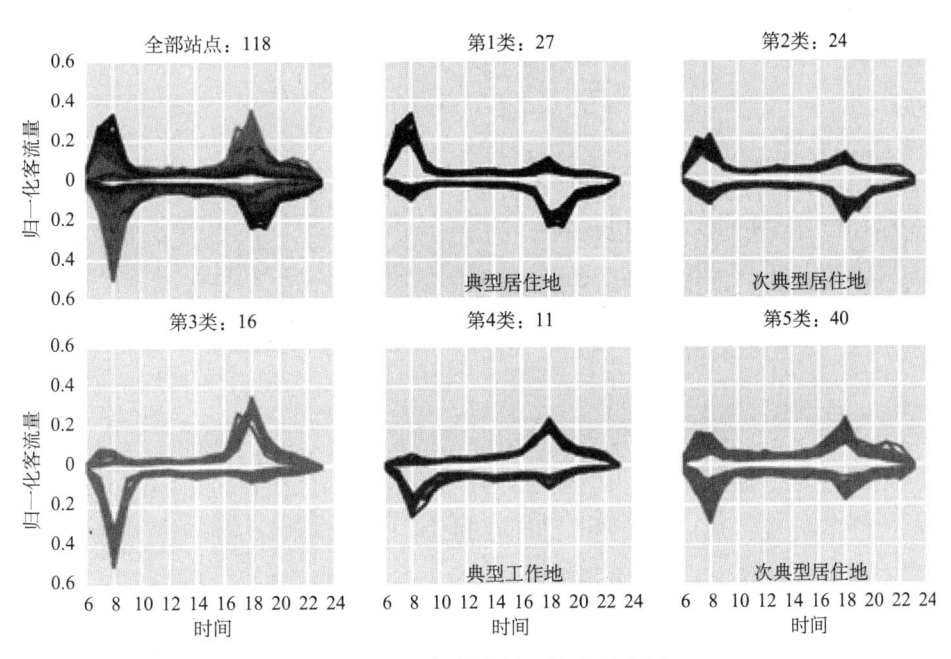

图 1-8　基于智能卡的地铁出行分析

特 邀 评 议

王冬根：非常感谢，这是我今年第二次点评关老师和柴老师的讲座了。这一节内容非常丰富，从理论、数据和方法的角度讨论了关于时空间行为研究的问题。我想就三个问题讨论一下，第一个就是关老师演讲里头的"通式化"和"个性化"问题，我觉得是用非常有意义的一个视角去看问题。她和柴老师现在进行的中美比较研究，我觉得非常有意义。这通常会问一个问题，比较的目的是什么？比方说中美有差异，这个目的是什么？我们还有其他的不同城市的比较研究，这就让我思考一个 context 的问题，我们通常比较注重 y=f(x) 的问题，但是通常不会去关注这个 context 的问题，中文来讲就是情景的问题。美国的交通地理学家说情景是非常重要的，如果你没有把情景搞清楚，所有的知识、关系是不存在的，都是没有意义的，在这个情况下，我觉得关老师和柴老师从这样的角度讨论比较，最后得出情景对于研究问题的影响是非常有意义的。希望关老师有机会时和在座青年学者深入讨论一下，因为我们在写的文章里面有没有价值，往往在这方面要有一个讨论，这个是有价值的。但是情景是多方面的，有社会、有文化、有政治，等等。第二点是空间与行为。刚才柴老师讨论了很多，为什么吸引了这么多人在这个地方，空间确实是地理的一个核心的问题，这个行为又可以涵盖到很多的行为，交通行为、购物行为、健康行为等各种各样的行为，但是我要说的是，我们现在的研究只是停留在一个空间的活动，如果你从著名的人文地理学家比如段义孚的理论来讲，我们对于地理学，不但要关注物质空间与行为之间的关系，还要关注空间对我们的意义是什么。要延伸到空间的体验、空间的感受，这个对一个地方，对某个人的意义是什么，这个在国内还是一个空白，希望将来我们可以在这块继续拓展，回归到人文地理学家包括段义孚的一些讨论。刚才我们也看到大数据的运用非常地广泛，包括杨教授也做了很多在交通方面的运用，大数据的运用里面一个大问题就是我们一定要找到一个比较好的问题，像他们都是非常成功的例子，应用在健康，应用在交通，应用在城市空间。如果这个大数据数量非常多，多是不是一定好？要看你如何运用，所以问题意识是非常重要的。谢谢大家。

张文忠：非常高兴参加本次时空行为会议，我觉得本次会议一个重要方面就是突出了创新。这与十八届五中全会倡导的创新高度吻合，时空行为研究会已经走过了十多年，回头来看，我们需要进行理论和方法创新。刚才关老师和柴老师发表的论文都试图在这方面做出贡献。比如：柴彦威老师讲到的时间和空间交互的理论的思考，就是理论创新的尝试。理论不一定成熟，但至少给我们指明一个努力方向。如果时空行为研究在未来规划和建设等实践领域形成一个比较好的话语体系，那样我们的影响就会增强。比如我们中科院地理所在做国家的一些项目中，获得国家和社会很好的评价，当时给我印象最深的评价就是专家认为：你们用地理学的话语体系影响了全国的国土规划，影响到国土空间开发及主体功能区实施。柴老师在这方面做出了非常重要的贡献，我也希望继续努力，形成一套新的话语体系和方法体系影响我们的学科发展，至少为我们的研究指明一个方向。另一个就是方法创新。刚才李清泉校长和杨东援校长给我们作了非常好的报告，杨校长说到宏观数据和微观数据的关系，李校长说到用时空数据来解构或者说解析的空间结构和类型，在方法层面上给在座的老师和学生指明了方向。如果我们再过 10 年，持续开展理论创新，还有两位校长讲的方法创新，那么，无疑给我们时空间行为研究会插上一对更强大的翅膀，增强我们的知识溢出，我希望我们研究成果能溢出得更多、更宽、更广，这样我们时空行为研究会的影响就更强更大了，谢谢大家。

王德：很荣幸做点评，刚才四位嘉宾的发言我听后获益匪浅，对柴老师和关老师的研究成果表示热烈的祝贺，他们一步步合作到今天取得这么辉煌的成果，差不多经过了五六年的积累。所以我觉得年轻的学者应该向他们学习，重视积累，他们联合发了那么多文章，做了那么多调查，到今天能够申请到自然基金国际合作项目是水到渠成。同样，我们的研究会也是一步步积累的成果。我听说年轻的学者也在商议要成立一个二级组织，我觉得是非常好的事情，你们现在联合起来有可能几年以后又开花结果了。时空行为研究大家都非常关注，在不同的方向都做出了很多的研究。杨教授跟李校长的研究都是在不同方向上的成果，具体怎么去找到合适自己的方向，我觉得要结合大家的实际情况和兴趣。柴老师现在到了这个高度，他要搞理论，当然是顶尖的一个研究，但也不是说每个人都要搞理论。我们就特别注重应用，我们的重点在应用。这次会议我们学院来了好多人，因为规划设计离不开空间，离不开行为。空间行为领域研究在做什么？大家都是很好奇地带着学习的心情来参加这个会议。刚才杨老师说要把我们拉下水，其实我们已经把您拉下水了，因为城市的规划是最易遭人批评，你们交通的问题归结起来都是我们规划的问题，我们同舟共济吧。对年轻人我们要更多的关注，给更多的机会，我觉得方法技术不从硕士生做起就太晚了，我们需要懂技术的年轻学子加入我们的实验室，我们很快会成立一个实验室，请大家支持，谢谢大家。

主持人保继刚：我们再次感谢四位主题演讲人和三位点评嘉宾。我们这是一个科学的盛宴，大家"吃"了这么多好东西一定要好好消化，我这一节的主持就到这里，我们到大草坪合影，谢谢！

手机数据研究进展

王 德

（同济大学建筑与规划学院）

各位老师，各位同学，我介绍一下我们团队近期做的工作，我们所做的分析可以告诉我们很多关于城市的动态信息，就是每隔两小时城市人口的分布，这些数据可以做到实时地记录、实时地发布一些指标，然后它又可以跟踪一段时间可测算深度指标，那监控什么呢？监控一个城市的状态，实时变化的状态，而以前我们是没有这些指标的。现在可以构建一个体系对一个城市方方面面进行把控，也可以监控一些重大事件，如规划项目实施的效果怎么样，需要有数据的反馈。如果专门做调查，那么成本非常高。这是上海的中心城区，大家都非常关心中心城区的人口有没有疏散掉，其实手机数据可以告诉我们，中心城区当中实时到底有多少人。这是对一天24小时中心城区人口所占的比例用手机数据做的一个图（图1-9），最低的时候只有46%，到了白天是人口最多的时候，所以说每小时都知道中心城区的人有多少。更不要说我们每天的跟踪、发布、长期的变化趋势，就像股票长期的变化一样，来监控总的用户，常驻的、流动的特别是只在城市停留一两天的人到底有多少，这个动画就是用手机数据监测出来的异常事件，因为手机数据的基站内每个固定时间的人数应该是非常稳定，如果出现异常，那么这些点就会显示出来，我们把这两周所有发生异常的点累计起来，换算成两个指标，一个是发生的频度，还有一个就是持续时间，圈的大小代表了时间长短，深浅代表了频度，一个是实时的识别，另一个是累计的评价。

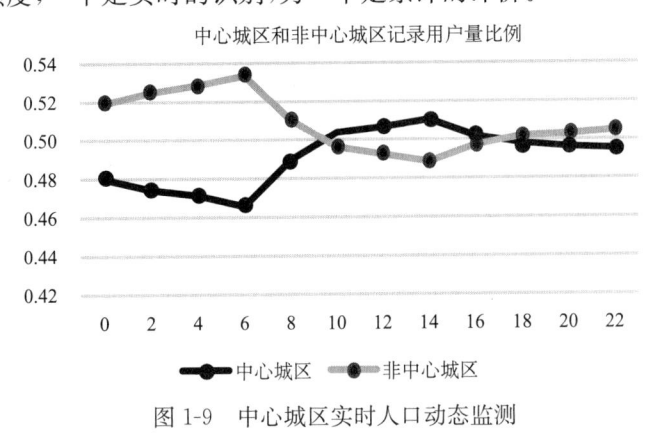

图1-9 中心城区实时人口动态监测

将手机数据与土地利用数据叠加可识别低强度的工业用地和低强度的居住用地,手机数据也可以将"鬼城"和工业用地识别出来,这是一个指标体系。我们一共是设计了 5 个大类,8 个中类,然后是小类,这个体系可总体把握城市的运行状态。通过手机显示出的人的行为特征来划分空间特征,这个是上海的大类:高密度的混合,低密度的混合。对中心城区我们可以画得更细致一点,在混合用地里面是居住为主还是就业为主,可以看到这是以就业为主的高密度的混合区等等。

从人的行为可以对每个街道居民的平均距离做一个分析。中心城区居民的活动距离很短,中心城区边缘区通勤距离最远,这里的居住密度特别高,但是就业岗位少,所以要么到中心城区工作,要么到外围工作。

我们还可以对消费休闲行为进行提取,从消费休闲对中心城区的依赖度,可以看出消费休闲大量地依赖中心城区。通勤也是,近郊区的依赖度特别大,到了远郊区依赖度就小了。

还可以对就业岗位、就业地点、重点就业地点的人的通勤情况做一个分析。图 1-10 是三个典型地区:一个是陆家嘴,一个是张江,一个是金桥。陆家嘴是城市中心 CBD 地区,所以就业人口居住地全覆盖;金桥是一个加工区,它通勤范围比较小;而张江高科技园区相对来说要大一点。这是 2011 年到 2014 年的居住人口分布情况,通过跟踪具有识别号(ID)手机的居住地,如果两个年份居住地不一致,则可认为发生居住地变更。同样地,就业地也可以做变迁分析,核心和边缘在减少,中间的几个环都在增加。

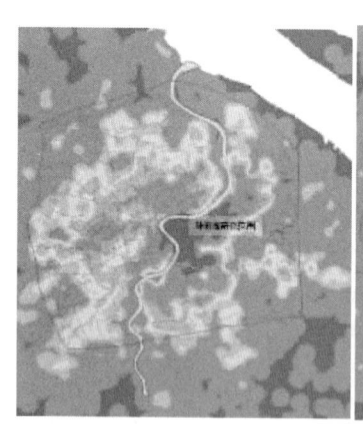

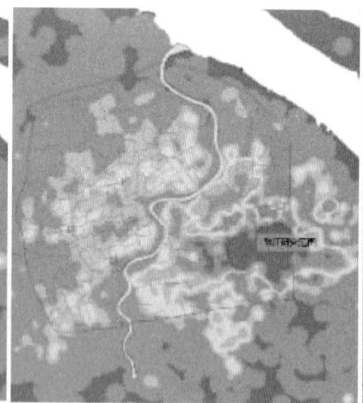

| 陆家嘴就业者居住地分布 | 张江就业者居住地分布 | 金桥就业者居住地分布 |

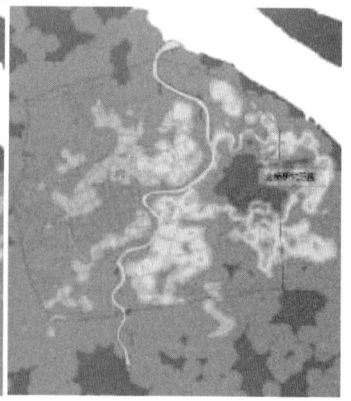

图 1-10 陆家嘴、张江、金桥通勤者分布

图 1-11 是张江就业人口的居住地与居住在张江人口的工作地,两者差别较大。我们还挑了张江高科技园区不同的功能区,如产业工业区、老镇区,我们来看波形,老镇区非常平稳;而产业区,周期性强、呈现规律性最强的波动,周末、晚上、白天以及外围的街镇人流量比较高,但是也是比较平稳。张江园区内部的张江镇受到产业园区的影响,已经是介于农村与

街镇之间,是一个融合体,这个特征非常明显,我们认为用这类波形来反推用地的功能是可行的。职住关系我们都在说,但在不同尺度下它是有不同结论的,按照新张江、老张江、大张江、小张江来算不同的内部,内向的、外向的通勤,老张江的内部的就业只有28%,如果把新、老张江加起来,就有百分之四十几。

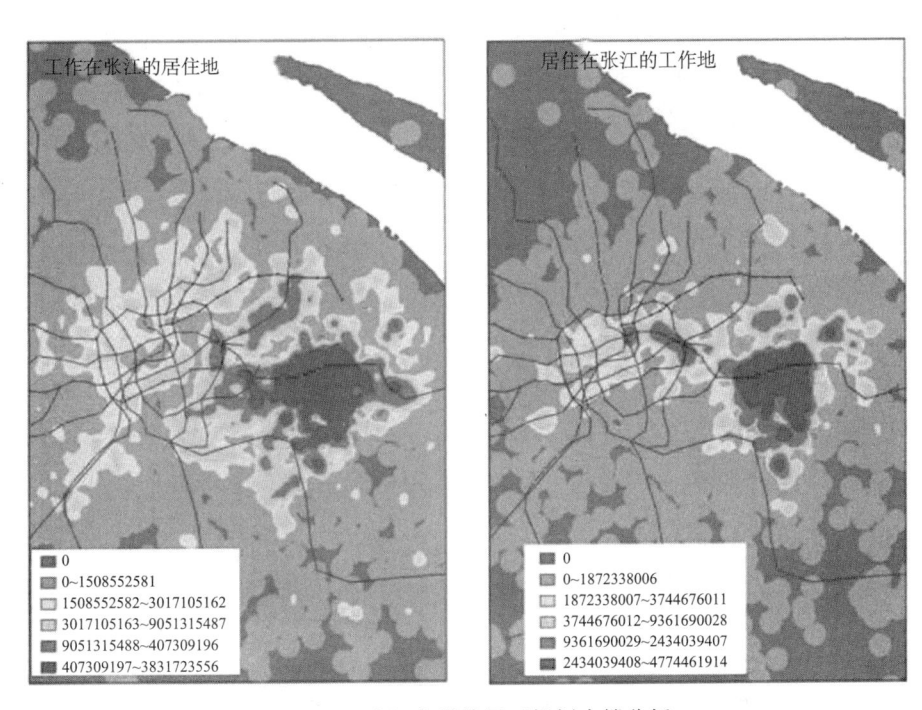

图 1-11 张江高科技园区规划支撑分析

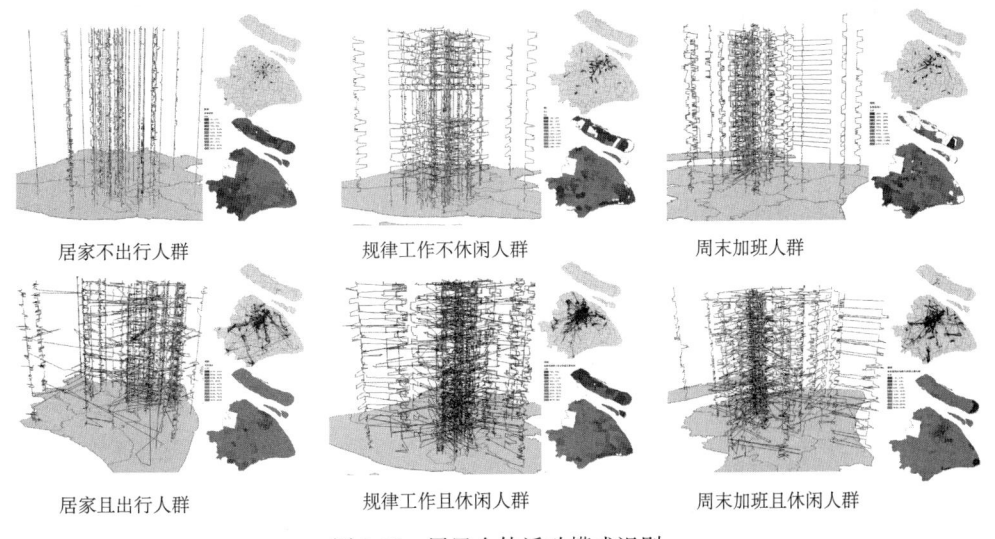

图 1-12 居民个体活动模式识别

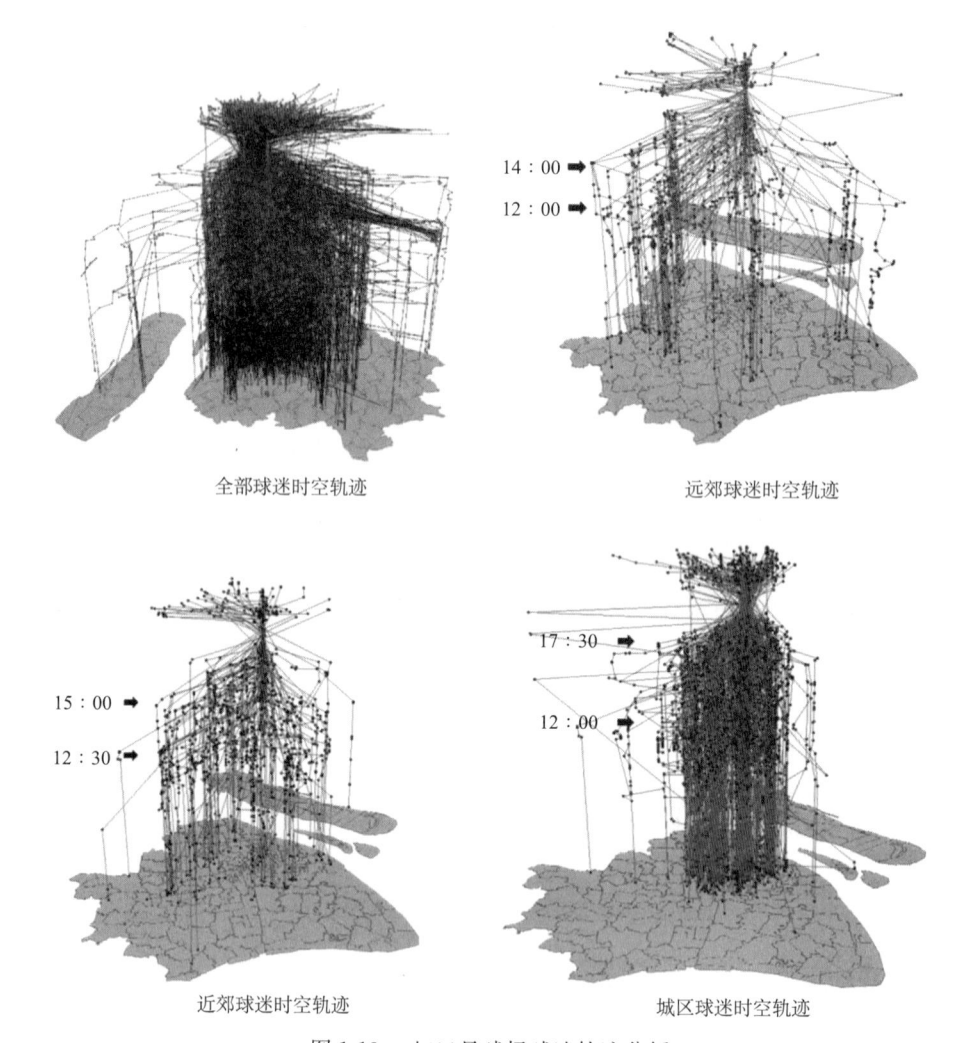

全部球迷时空轨迹　　　　　　　远郊球迷时空轨迹

近郊球迷时空轨迹　　　　　　　城区球迷时空轨迹

图 1-13　虹口足球场球迷轨迹分析

　　图 1-12 是我们最近应用时间地理学的研究成果,用手机数据中记录比较连续的样本,一共是 39 万个,把它们进行分类。不同形态的类型大概是有六种,第一类,就是不出门或者是在家周围的,还有一个是规律性的工作,但是到了周末就在家里,还有周末加班的,这样一共分为六种类型,先把量识别出来,最大的量就是居家出行的类型,这个占到一半。

　　图 1-13 是虹口足球场球迷的分析,球迷的分布还是非常广泛,我们可以划出核心圈和边缘圈,是以球场为中心的同心圆状的分布,用时间地理学的方法就可以知道这些人是什么时候从家里出发,远郊的人中午 12 点到下午 2 点就出发,近郊的人大概晚半个小时,在 12 点半到下午 3 点之间出发,而中心城区的球迷出发时间跨度则更大,在中午 12 点到下午 5 点半之间都有分布,但总体说明距离球场越远的球迷出发时间会越早,而且大部分球迷都是

直奔目的地的。另一方面,可以分析球迷的活动对于周边商业体的影响,以虹口足球场旁边的虹口龙之梦为例,我们可以分析出当天到过龙之梦的球迷还是不少,大概是 607 人,占全体球迷数量的 19%,这个比例相当大。从时间上来看,第一波是从 16 点到 18 点,就是说看球赛之前吃饭,第二波是在 21 点半到 22 点,是球赛结束后的夜宵时间。根据这个数据我们可以看出把球场和商业综合体放在一起的效果是怎么样的。用推算法来计算,如果按照当天虹口球赛的总球迷人数为 14 000 人来计算的话,那么进入过"龙之梦"的球迷人数就是 2 660 人,总的停留时间为 1 330 小时,识别出该时段龙之梦总顾客数为 8 900 人,那么在龙之梦停留的球迷就占该时段总顾客数的 30%,这个量是非常大的。我们还可以追踪一下,一共是 3 场球赛,3 场都去过的球迷有 26 个,这是超级球迷,去过 2 场的有 1 000 多人,这也是比较忠实的球迷了。另外按去过的商业中心分类,可以知道去过两个的有 39 人,去过一个的有 756 人,将其中一个人的轨迹拿出来看可以发现,他 10 点钟从家里出发,中午在五角场停留了一段时间,到了南京路但是没停,开赛前一个多小时到了虹口龙之梦,可能是中午在五角场吃完中饭,然后在"龙之梦"吃了晚饭就去看球了,从这一系列行为的分析中可以发现手机数据可以提供给我们这么丰富的信息,我相信在规划里面是非常有用的。

小汽车出行行为的差异对比

王冬根

(香港浸会大学地理系)

感谢 Mei-Po(关美宝)的介绍,我们现在的很多研究都是关注一些短期的行为,我觉得我们得关心长期的行为变化。这里是一个比较好去推动这个想法的场所。这个研究是我们刚刚开始在进行的东西,我们在分析一些数据,关于深圳居民的小汽车交通,还有出行行为趋势的变化方面的研究。

为什么要有这样的研究?我刚才说了,我们太多地关注今天的行为,没有关注长期的变化。在西方的出行行为研究里面比较热的一个话题是说西方的汽车拥有量,汽车出行都已经到顶了,现在呈下降的趋势,包括出行行为都有一个非常大的下降的趋势,有一个重要的研究也是这几年进行的,不单单是汽车出行,还有个人日常的出行量也在变化,更多的人是采用多方式、多模式的交通工具出行。在这样的背景下我们关注中国长期的变化是非常必要的,虽然说现在中国的汽车化还在一个上升的过程中,跟西方比是一个不同的发展阶段,在过去 20 年当中,中国也经历了一个所谓的 mobility 的革命,包括汽车出行方式变得越来越重要,包括城市的地铁变得越来越重要,因此我们有必要看看这 10 年、20 年交通行为到底出现了怎样的变化。

用深圳的数据来看,通过分析经济增长的背景数据,可以看到有从 1979 年到 1985 年的经济增长情况,GDP 和可支配收入有一个很大的差距。在人口的增长情况方面,从 1979 年到 2014 年有许多不同的类型。现在深圳的居住人口超过 1 000 万,真正的户籍人口不到 400 万,我们用的深圳居民出行的调查数据,最早是北京、天津在 20 世纪 80 年代就开始的出行调查,通常 5 年、10 年进行一次。但是深圳大概是 1990 年开始的,每 5 年有这样的一次调查。我们拿到的数据没有那么多,只是从 2001 年到 2015 年 3 个 wave 的数据,但是这个数据的量非常大,在 2001 年有六万多家庭、2005 年有五万多家庭、2010 年有九万多个家庭参与调查。这些都是传统的出行调查数据,包括当天出行的情况、出行的起始时间和地点、家庭内个人的信息数据,等等。我们也用了其他的数据如统计年鉴。在汽车的增长方面,刚刚说到 2003 年到 2004 年超过了 300 万辆的车,摩托车的数量一直在下降,因为"禁摩",取得驾驶执照的趋势有所下降,但不一定代表真正的下降了。从 2004 年到现在的所谓汽车保有量的情况，也符合25%到30%的增长情况。

Driving license(驾照)变化的情况，我们关注的是从这些数据里面找出在2001年、2005年、2010年发生的变化，昨天晚上还跟学生讨论2010年的数据，发现15%应该比较低了，但是我们找了半天没找出原因来，可能跟样本量有关系。我们想说的是个人汽车保有量的增加是可以看得到的，从2001到2010年保持10%左右的增长。更深入分析就会发现不同家庭的收入有不同，从2001年到2010年，家庭收入在4万元以下的话在深圳买车的可能性不大，就算是6万元以下的也只有一小部分家庭买车，变化不大。在6万元以上的家庭非常明显地增加，从2001年到2005年再到2010年的增加都非常明显，可以说这些汽车保有量的增加集中在收入比较高的阶层，当然我不敢说年收入6万以上算不算高收入，但是我觉得这个分析也是挺有意思的。我们根据居住在不同类型的商品房的人也分析出他们买车的变化，主要集中在比如说住商品房的人的变化里面，汽车保有量是非常多的。有意思的是这类房，在西方讲的是社会福利房，在中国讲的是经济适用房。我们也看了一些变化，有意思的是出行的比例，我刚刚看了杨校长讲，在上海的出行率大概是2.2多，深圳也是差不多，稍微高一点点，但是2001年为2.79，从2005到2010年比较平稳，小汽车就很明显地增加了，至于小汽车的平均出行时间，在2001年的时候每一辆小汽车的trip(出行)大约有21分钟左右，到2005年和2010年的时候就超过30分钟，一方面可能是因为城市扩张了，使得出行的距离就增加了，距离也有一个大的变化。

分年龄组别和户口的情况都有非常显著的变化，然后男女差异非常有意思，这个也跟西方的文献是吻合的，在汽车保有量方面，男的比女的高，所以西方汽车保有量的增加基本上是女性使用的增加，男性的停止了，而在中国这个gap(差距)也存在。2010年我们没有关于男女的统计。比较有意思的是我们做了一个所谓的PSM的方法，因为前面都是平均数的比较，别人可能说从2001年到2005年到2010年整个环境会发生很大的变化。怎么能保证你的因素，发现的差异并非受其他因素的影响？我们用了一种统计的方法。就是说找一个同样的人，同样收入水平，同样性别，同样年龄等等，看在2001、2005、2010年三个不同年份的时候有什么差异。我们可以分析出行的态度、出行的方式有什么变化，这里我们也做了一个比较分析。2001年到2010年汽车拥有的数量是增加的，也就是说人们对汽车的渴望是增加的，想要买车的lifestyle(生活方式)更为显著了，因为我们一般来讲汽车消费受社会经济因素的影响，但是人们观念的影响也是非常重要的。

同样我们也做了一些其他方面的分析，就是分析汽车出行的时间、次数和距离，这个结果非常怪异，在match(匹配)之前是有增加，match之后是减少了，我们现在还没找到原因。这个也非常重要，我们想知道当一个人买车之后怎么使用汽车，使用的模式和态度到底有什么变化，这是下一步我们会进一步的分析。整体来讲是暂时的中间阶段的成果，今天在这里讲是要鼓励我们要做一些当前短期的分析,也要做长期的一些出行变化的分析,谢谢大家。

主持人关美宝:谢谢王冬根老师,我们还有一个很精彩的报告,就是张文忠老师的"城市宜居性的研究进展"。

城市宜居性的研究进展

张 文 忠

(中国科学院地理科学与资源研究所)

今天我要讲的话题是"城市的宜居性"。这么多年一直在研究"宜居性",当然有很多需要讲的东西,今天我想从"宜居城市"的概念讲起。"宜居城市"是适宜于人类居住和生活的城市,是宜人的自然生态环境与和谐的社会和人文环境的完整统一体,是城市发展和建设的目标。"宜居城市"并非某个城市的专有名词,应该是所有城市发展、规划和建设的方向和追

表1-1 宜居城市评价指标体系

主指标	分指标	主指标	分指标
生活方便性	日常购物设施	人文环境舒适度	居住区邻里关系状况
	非日常购物设施		居住区物业管理水平
	餐饮设施		建筑景观的美感与协调
	医疗设施		周边社区文化与氛围
	休闲娱乐设施		周边区域特色与价值认可
	儿童游乐设施		社区文体活动
	教育设施	出行便捷度	公交设施的利用
	银行网点		交通拥堵情况
	老年活动设施		工作学习通勤便利程度
安全性	治安状况		生活出行便利程度
	交通安全状况		到市中心的便利程度
	防灾宣传管理		停车的便利程度
	应急避难场所		商务出行便利程度
自然环境舒适度	周边公园绿地绿带	环境健康性	汽车尾气排放产生的污染
	居住区内绿化		扬尘工业等空气污染
	居住区内清洁		雨污水排放和水污染
	公用空地活动场所		道路和工厂噪音
	空间开敞性与建筑物密度		商店和学校等生活噪音
			垃圾堆弃产生的污染
			PM2.5

求的目标。"宜居城市"也是一个相对的概念，或者说是一个动态的目标，即一个城市是否"宜居"，要从动态的发展历程来审视，或者是与其他城市相比较，是否达到"宜居城市"的标准，要看参照城市和自身的发展历程。"宜居城市"也是居民对城市的一种心理感受，这种感受与居民的个人属性，即年龄、性别、职业、收入和教育程度等密切相关，对"宜居城市"的评价和宜居城市建设的重点要充分考虑居民的感受。因此，一个城市是否宜居，其内涵不仅要看城市发展的经济指标，更重要的是要看城市是否能够满足居民在不同层次上对居住和生活环境的要求。

"宜居城市"的建设目标具有层次性。较低层次的建设目标应该是满足居民对城市的最基本要求，如：安全性、健康性、生活方便性等，较高层次的建设目标则是满足居民对城市的更高要求，如：人文和自然环境的舒适性、个人的发展机会等。因此，城市建设要关注城市安全、健康、舒适、便捷等体现居民生活质量的问题，并注重对历史和传统文化的传承，保持城市和街区风格的同时要高效和合理利用有限的土地资源，创造更多、更适宜人们居住、生活和工作的空间。

我们认为，宜居城市包括以下方面：①宜居城市应该是一个健康的城市，远离各种有害物质及环境污染的可能伤害，应具有新鲜的空气、清洁的水、安静的生活环境、干净的街区；②宜居城市应该是一个安全的城市，具备健全的法制和良好的社会秩序、完备的防灾与预警系统、安全的日常生活环境和交通出行系统；③宜居城市应该是一个自然环境优美的城市，它应拥有舒适的气候、新鲜的空气、适宜的开敞空间、良好的绿化；④宜居城市应该是一个生活方便的城市，它应该具备完善的、公平的基础配套设施，也就是人人都能享受到购物、就医、就学等方便的公共设施的服务；⑤宜居城市应该具有良好的邻里关系、和谐的社区文化，并能够传承城市的历史和文化，同时具有鲜明的地方特色的城市；⑥宜居城市也应该是一个出行便利的城市，它应该是以公交系统优先发展为核心，能够为居民日常出行提供便捷的交通方式。

基于对"宜居城市"这个概念的认识，我个人设计了一套指标体系评价北京的宜居性（表1-1）。六个主指标就是上面提到的生活方便性、安全性、自然环境舒适度、人文环境舒适度、出行便捷度和环境健康性。我们的研究主要使用主观调研数据，这项调研工作从 2005 年开始，2005 年做问卷 11 000 份，2009 年做问卷 10 000 份，2013 年做问卷 7 000 份。当然，我们的研究也不仅仅局限在北京一个城市，2006 年我们做过大连市的调研，2014 年年底做了环渤海地区除北京以外的其他 43 个地级市的调研，以上都是使用实地调研的方法。2015 年 10 月做了全国省会和计划单列共计 40 个城市的网络调研数据。跟今天被热门讨论的"大数据"不一样，我们是通过委托调研公司，以及与北联大合作进行抽样调查。

大家可以看我们对北京三年的评价结果，总的来说 2005 年到 2013 年有所改善，尤其是生活方便性的评价一直比较好，但是环境健康性越来越差（图 1-14）。我认为必须要客观地看待问题,北京自然环境的舒适度和环境健康性很差,尤其是这两年北京的雾霾非常严重,但是从变化来看,我个人不认为已经到了非常严重的地步,有一些居住环境要素的建设还是在进步的,比如北京是一个生活很方便的城市。

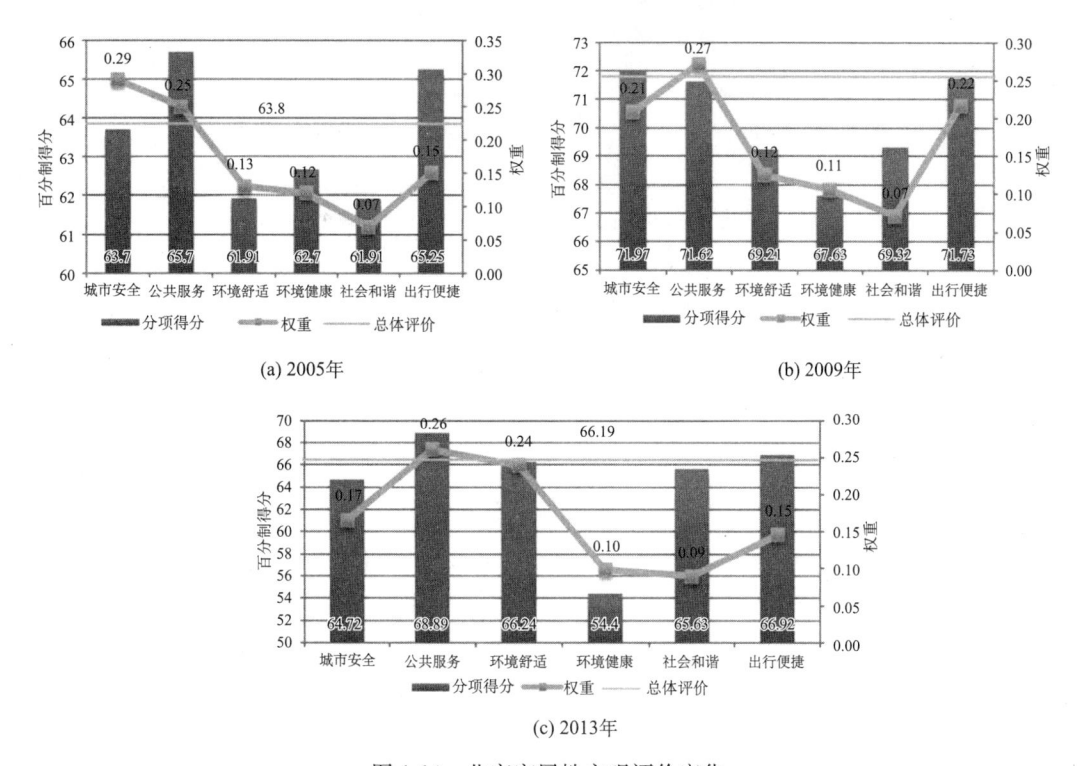

图 1-14 北京宜居性主观评价变化

这些年,除了做城市宜居性评价以外,我们课题组围绕这个话题拓展了很多研究工作,比如这个"北京居住环境类型区的识别与评价",发表在《地理研究》上,文章划分出北京居住环境类型区,并解析居住环境差异形成的机理,在机理分析中将收入等居民个人属性方面的研究也嵌入到里面(图 1-15)。

利用环渤海的数据,按照我们建立的客观评价指标,北京确实比较差一些,实际上整个环渤海地区都非常差,尤其是京津冀区域就更差了,沿海城市比较好,比如辽宁和山东的沿海区域还不错。

根据今年我们对全国 40 个主要城市的数据调研,比较了城市居住环境评价和居民生活幸福感,结果非常有意思,我们发现幸福指数相对高的城市居住环境也比较好,而且一线城市北京、上海、广州的幸福指数都不是太高,我个人认为心理压力是一个重要的影响因素。

还有一个拓展研究,(2014 年)习总书记在北京视察的时候提出的要将北京建设成为一个和谐宜居之都的目标,我们受邀参与这个"国际一流的和谐宜居之都"指标体系的设计。

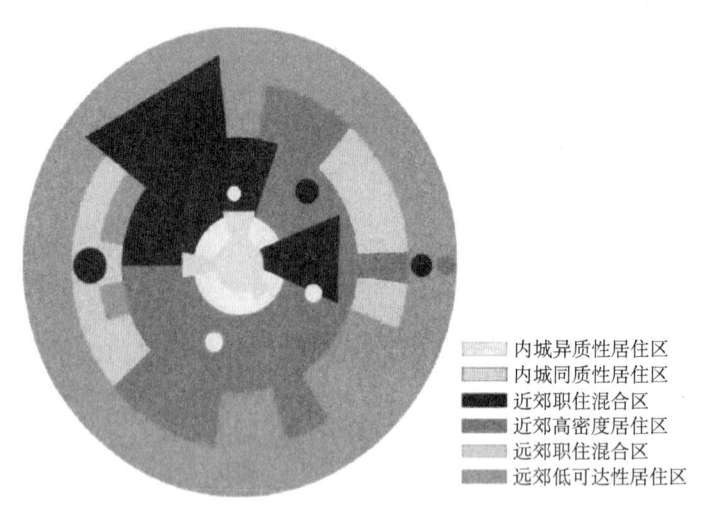

图 1-15　北京城市内部客观居住环境空间差异

后来，我们做的这套指标体系，其中一些指标被作为北京"十三五"规划的主要指标。客观数据显示，北京整体是在进步的，没有大家想的那么糟糕，当然交通是一个比较大的缺陷。公共服务设施的改善还是很明显的，但是现在北京人口增长的确太快了，人均公共服务设施的进步相对来说也就比较慢了。另外是环境的问题，基本上是被一票否决，这主要是因为雾霾。实际上我非常喜欢北京这座城市，尽管有雾霾，但是北京也有深厚的文化积淀，而且在道路设施的建设方面也是很不错的，国际化程度也很快。

还有一个拓展研究方向是关于居住空间形态和通勤方面的研究，这项研究我们一直在做。比如这篇文章"北京城市居住空间形态对居民通勤方式的影响"发表在《地理科学》上，研究认为高容积率对小汽车出行有显著地抑制作用，高度混合的土地利用形态能够促进居民选择步行通勤，说明居住空间形态规划是引导居民通勤方式的重要途径。另外就是居住和就业的关系，我们使用了双变量离散选择模型去模拟居民居住与就业选择的协同性，我们的这套调研数据非常适合这个模型，数据分析显示居民居住迁移决策和工作迁移决策是相互影响的协同决策过程。还有多层线性模型在我们研究中也有很好的应用，这个模型是英国布里斯托尔大学开发的，我们用这个模型做生活满意度和幸福感的调研，这个工作很有意义，过去我们说的幸福和不幸福、快乐和不快乐，现在可以从数据与科学的角度来讲就非常有意思了。

我们也做了宜居的环境支撑研究。我认为任何一个研究如果只是学者之间的研究就很无聊，必须让研究影响到国家的决策才有意义。比如我做宜居，一开始只是出于简单的兴趣爱好，后来才逐渐影响到决策。今天我们大会的主题——时空行为最后也要影响到空间的决策和规划，甚至大数据的研究也有这个可能性。大家都在说，好像没有数据就不能说话，我们做数据的一定要有贡献,我们的工作才有意义。我们生产的科研产品不光要有学术意义,最终还要有个服务国家与社会发展需求的出口。比如说我们要有应用的出口,在研究时就要想,到底我的工作在生活中有什么意义。

未来我们还有几个拓展方向:城市宜居性对人口流动、区域经济发展的影响;宜居理念在城市规划中的应用;城市宜居性的社会公平性;宜居和区域的互动关系;宜居性与居民幸福感的关系。这么多年专一于宜居研究,还是有结果的。近期我们有三本书:《人居环境与居民空间行为》已经出版,《和谐宜居城市建设的理论与实践》已经交到出版社,《中国城市宜居研究报告》正在撰写中。我希望通过我们的研究更多地警醒大家对环境以及对宜居的一个认知,谢谢各位。

智慧社区研究

甄 峰

（南京大学建筑与城市规划学院）

近几年我们的团队做了一些大数据研究，但是我今天要讲的是我们做的小数据的研究。我们是两条腿走路，一方面有大数据，一方面有小数据。如今，我们开始关注怎么样把大数据、小数据通过某种手段关联起来。

下面介绍一下我们最新的智慧社区研究。在智慧社区方面，近年来国内不少老师都做了很多研究，也发表了一系列研究成果。对于我们团队，之所以做这样的研究，是因为我们在参与智慧城市的工作中，发现国内智慧社区建设存在不少问题。因此，我们开始关注社区，尤其是考虑怎样通过ICT（信息通讯技术）的使用促进社区层面居民生活圈和社会网络构建。通过分析中国社区发展的几个重要转折阶段，一直到当前的智慧社区发展，可以发现，社区面临着利益主体多元化、居民需求多样化、社会网络复杂化的趋势，而且"自下而上"的社区居民对社区发展问题越来越重视。

关于智慧社区的概念与内涵，学界尚未达成一个统一的认识。智慧社区论坛（ICF）提出，智慧社区需要利用信息技术来促进社区的健康、可持续发展。国内的智慧社区强调技术背景，也就是信息化在社区层面的运用。还有些城市的学者，把信息技术作为一个手段来提高居民的生活品质。我们梳理了西方智慧社区建设的四种主要模式，包括创新经济导向、民生服务导向、人才培养导向和政府社区管理导向。但西方经验能否运用到我国智慧社区的建设，还需要做具体问题的分析。目前，我国的智慧社区发展模式主要是政府自上而下或是企业为了寻求数据价值和服务而推进的，都强调了信息化平台的建设。目前这些举措客观上推动了社区信息化建设，但却难以切实反映真正的居民生活需求。

我们认为，智慧社区并不是简单的社区加信息化，应该要以人为本，利用ICT手段激发社区活力、促进社区的良性发展。关于智慧社区，我们的概念应该将核心落到社区，而不是落到智慧上。所以我们应该更多地关注社区居民的交往活动，如何促进思想交流和人与人之间的互动，关注ICT对人、社会交往和社会环境的影响和互动。目前，针对社区参与、社区满意度、社区服务、社区建成环境以及社区社会资本，我们主要做了五个方向的研究。

在社区参与方面，我们关注信息技术以及传统因素对于社区参与的影响，包括最近出现的微信、APP（应用程序）等ICT工具和手段的应用，对居民社区参与产生的影响。计划从不同的参与类型和参与层次研究社区信息化、社区归属感、邻里关系、社区组织等对社区参与的影响（图1-16）。另外，我们试图探索社区信息化对社区参与的影响路径，关注ICT影响社区参与的内部机制，对不同类型的社区进行比较研究。

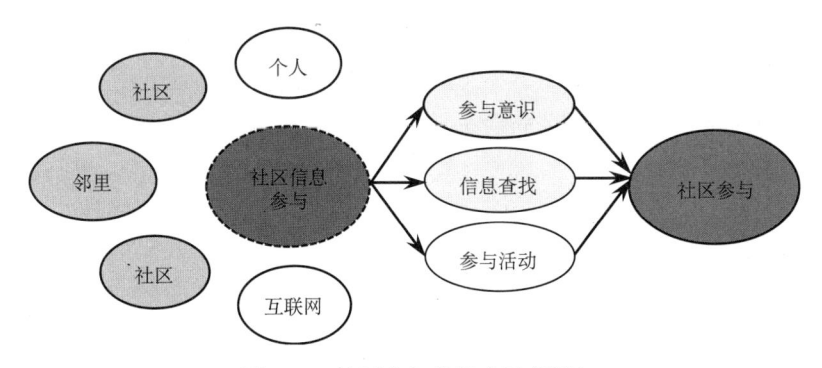

图1-16　社区参与的影响因素研究

在社区满意度方面，关注ICT对居民社区满意度方面的影响。研究不同类型社区、不同人群的ICT使用对社区满意度的影响机制，重点关注老年人、外来人口等相对特殊群体。希望通过生活满意度的研究能够为智慧社区平台的建设提供帮助。

在社区服务方面，关注信息技术对社区公共服务质量、顾客价值的影响。我们从当前社区公共服务发展的薄弱现状入手，思考怎样去提升公共服务的质量，从而提升社区居民对于服务的"感知价值"。

在社区建成环境方面，探究居民对建成环境主观感知的影响因素，具体哪些因素对其产生怎样的影响。目前研究中关于社区环境的测度指标差异很大，我们在选取指标的时候也综合了国内外不同学科的研究视角。我们也希望通过对社区物质空间形态和非物质形态的改造，引导创造更美好的社区生活。

在社区社会资本方面，关注信息技术和社区建成环境对社会资本的影响。社区作为地域生活共同体，社会资本是其内核，也是社区活力提升的关键所在，而国内现有的在社区资本方面的研究比较薄弱，尤其地理学。我们试图探究信息技术以及社区建成环境对于社区资本的影响，从而思考对于社区规划的启示和建议。

当然，关于智慧社区，我们的研究才刚开始，后面的路还很长，还需要进一步的探索。

特 邀 评 议

李清泉：我非常同意张老师的观点，实际上"宜居"是一个大概念，环境只是宜居各个要素里面的一个指标。确实深圳有一个指标很不好，刚才王冬根说的6万块钱在深圳是不是高收入，我告诉他6万块钱只能买一平方米的房子，大概算不上高收入吧。刚才听了很多专家的报告，我有两点感觉。一个是我们进入了大数据的时代，但是我们在处理大数据方面的能力还是非常的欠缺，我们缺少有效的分析和处理乃至可视化的工具，使得我们对大数据的分析手段还显得很薄弱，所以大家看到的很多结果还是初级阶段，所以还要发展更多、更有效的手段来处理。第二个感觉就是我们有了这些大数据之后我们可以通过这个大数据回答什么问题？我们现在是分析结果、看到结果，但是我觉得我们是不是可以考虑大数据能不能回答我们在社会学、经济学、地理学中以前回答不了的问题，或者是发现一些我们以前没有发现的规律，我觉得关于这些我们还有很长的路要走，还需要我们持续深入地探讨，谢谢。

杨东援：今天的这些报告非常有意思，我觉得萧教授的报告和王教授的报告一呼一应，萧教授讲了大数据里面一个非常关键的问题，大数据的质量控制，大数据里面陷阱的察觉。因为一切靠数据说话往往会误导决策。萧教授从几个方面给了我们很多建议。王教授是一个问题导向的研究，从某种程度上讲，大数据的方法应用在哪些地方？大数据的方法可能隐藏在我们要达到目的的背后，所以理清我们的问题是非常重要的。王冬根和张教授的报告提出了更深入的一个问题，就是我们现在的很多研究不能满足于对数据的度量，或者对因果关系的初步认知，可能我们还有一个很重要的事情，就是对未来的洞察，洞察未来是一个非常难的事情，但好多事情如果我们都是事后诸葛亮的话，好比说北京，小汽车数量到了400万辆车的时候才想起控车就控制不了了，但是当在20万辆车的时候想要控车，那会儿有很大的争论。我们怎么样看待未来，我们怎样保证城市是一个宜居的，有时候从交通方面来讲也是一个自我反省的过程，我们过去讨论的都是交通量，是把人当货物运，现在是要把人当人来对待，这个问题使得这个学科不得不发生翻天覆地的变化，我就讲这几点看法，谢谢。

李郇：感谢大会给我这个机会，今天的报告说的都是数据，深深体会到我们能不能说现在存在一个新的转向，就是在人文地理的经济转向、制度转向、空间转向后，开始了数据转向，这给我们做传统经济地理、人文地理的学者一个极大的压力，回去打算好好看书。我希望的是这个转向能够可持续一点，就是别把我们转得太晕。另外对于数据问题，从这几个报告来看，谈一点体会，大数据研究要注重的不仅仅是一个结构问题，更重要的是做到识别、检验以及解释数据的含义，无论是王老师还是萧老师做的研究，都把数据的位置含义、空间涵义展示出来，然后推动整个规划、整个学科。我在听的时候一直在思考一个问题，我们以前大量的研究是从宏观到微观，先把宏观结构做出来，然后我们做微观的解释，用人的行为来解释，现在我们是把微观的行为大量地集中起来来看宏观的东西，在这个过程当中，原有的城市规划理论、人的行为规划的理论是不是有用。数据驱动下会产生对现有理论的批判反思，甚至可能重新构建一个理论，我觉得这是我们需要努力的一个方向，这也是我们大数据分析中应该注意和思考的问题。再有一个感觉就是我们还是要回到技术上去，所以无论是同学们还是我们，还是得继续回到理工学科的思维上，重新学习，谢谢大家。

第二部分
时空行为大数据研究

  大数据为时空行为研究带来新的数据源,并拓展了研究领域。近年来,基于大数据的理论、方法和应用研究得到快速发展,并成为多学科共同关注的热点问题。本部分报告者通过构建社会感知的研究框架,探讨了大数据支持下的地理学研究问题;分析基于大数据的空间、时间与人类活动及典型案例;结合规划应用需求,介绍时空行为规划分析平台——人迹地图,并介绍基于大数据的城市实施交通数据推演等。

对于大数据与地理研究的一点思考

刘 瑜

（北京大学地球与空间科学学院）

近年来地理大数据在城市以及时空间行为研究扮演着很重要的角色。所以,我想分享一点关于大数据的思考。

第一点是在大数据时代,我们学界实际处于一个尴尬的位置。因为我们不生产数据,有数据就能做研究,没有就难以完成。缺少数据支持的学者,可以从理论和方法上探讨大数据的意义。例如做方法研究,即使没有实际数据,也可以采用模拟数据,如果方法可行同样也是有价值的。作为 GIS 的从业者应该为大数据分析和研究提供更有用的工具,使得人文地理以及城市研究的人员可以更好利用大数据。

其次,我想以显微镜为例,说明地理大数据的价值。显微镜本身不是对生物学的哪个理论的推进,但是它的出现使生物学看到了原来看不到的世界,从而把生物学研究推到了一个新的层次。所以,大数据的出现,让我们看到了在大数据出现之前没有看到的东西,从而推动地理学尤其是人文地理学的发展。

第三,大数据的使用也伴随着各种需要注意的问题,比如说数据质量和代表性问题,这些问题迫切需要我们研究解决方法,如研究多源数据的集成,来应对代表性问题。

今天我想围绕地理学的一些基本概念,谈一下对大数据的看法。地理研究中采用的大数据的一个重要特点就是它跟人有关,并且具有时空标记。我们团队用了很多数据包括手机记录、出租车轨迹、微博等,做了很多工作。在这个基础上,我们总结了一下大数据的价值,提出了社会感知(Social Sensing)的概念。就像遥感提供了对物理世界的观察一样,大数据提供了对地理空间中人文社会环境的观察手段。因为它是透过海量人群的时空行为模式揭示背后的地理影响,这就是大数据的意义。大数据提供了宏观的模式,同时也表达了每个个体的特征。其中,每个人都是扮演了传感器的角色,我们把它跟遥感集成,它们将成为地理研究的两个支柱,能够使我们更全面的认识地理环境。

社会感知的研究框架,主要包含三个方面(图 2-1)。①挖掘人的行为,研究人的移动与活动、社交关系、情感和认知。②研究地理环境的特征,从人的群体模式来揭示地理环境的特征,包括空间交互、土地利用、社会功能、场所语义和情感。③研究时间模式,基于大数据的时间特征挖掘地理环境的动态演化规律。总结起来,对大数据的研究可以从人、地、时三个方面入手,这三者也正是地理学研究的基础要素。

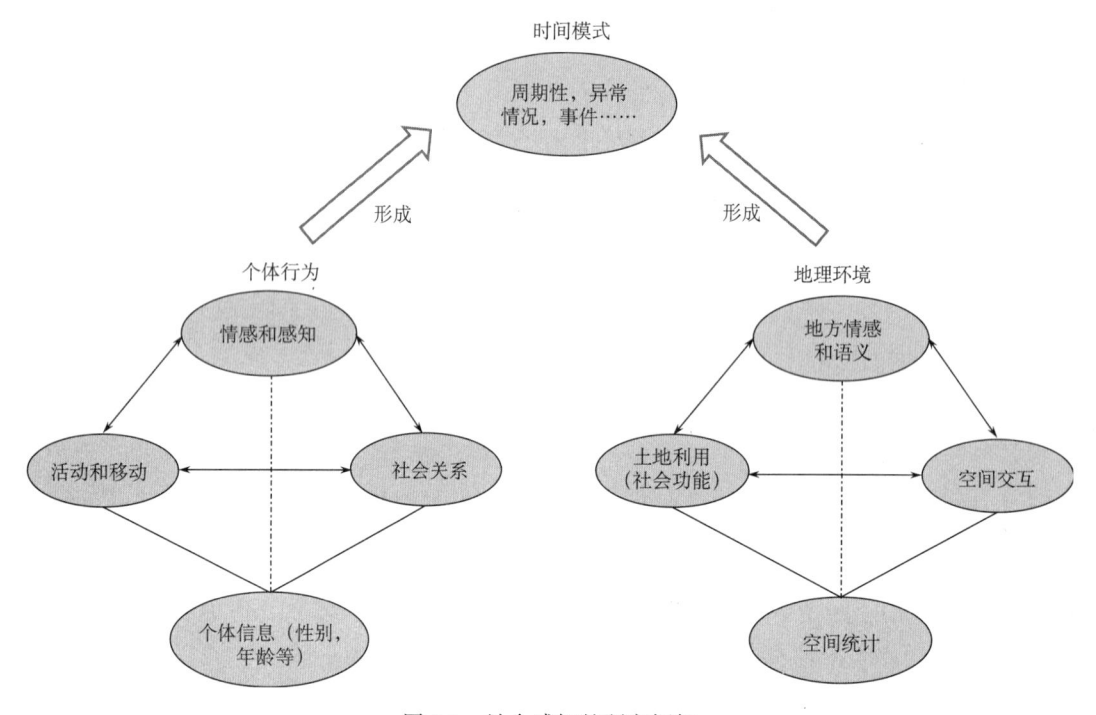

图 2-1　社会感知的研究框架

有了这么一个框架之后,我们会思考它对地理学哪些概念是有价值的:第一个就是分布和交互,这是地理学的两个基本概念,因为地理学基础就是空间异质性;分布反映了一阶地理空间异质性,而交互是反映了二阶的空间异质性,大数据恰巧可以从这两个角度分别反映分布和交互。我们分析了社交媒体签到数据,每个点就是一个签到,从中我们可以看到中国主要的交通线路和城市的分布,其间我们还可以量化它们的交互强度,对我们的研究是非常有价值的。传统的地理学做分布交互的研究,主要是从聚合层面进行研究,而大数据在这个研究中,不仅提供了宏观聚合的模式,而且提供了微观的模式,大数据能够在微观、宏观模式之间建立桥梁,能够有效处理可变面积单元问题(MAUP)。谈到交互和分布,我们还会想到 Tobler([人名]托布勒)的地理学第一定律。这个定律蕴含两个方面的意义:①越近的地方,属性值越相似,从而支持空间插值分析;②越近的地方空间交互越强,因此可以构建交互模型。大数据同时反映交互和分布,所以我们可以去探讨距离对分布和交互的影响大小。

第二个是空间(Space)和场所(Place),我们地理分析中会采用这两个视角。传统的 GIS 空间分析主要采用空间视角,而大数据因为能够捕获人们在场所的活动并反映对场所的感受,支持对于场所的建模。我们可以集成多源大数据,实现场所语义的多重感知。

大数据虽然有很高价值，但它是一个"薄"数据，即属性语义信息相对不足，并且有代表性问题。与之相对，传统调查数据是一个"厚"数据，并经过严格的采样设计。为了避免大数据的代表性问题，大数据需要与小数据的集成。集成过程中，需要考虑空间异质性和人群异质性，因此可以对地和人进行"切分"，建立相对均质的场所和人群，并利用大数据分别对其"画像"，进而探究其映射关系及动态演化，这是大数据支持人地交互研究的一条比较合适的途径。

作为结论，大数据使得我们可以从个体和宏观两个层面研究空间交互和分布，有助于处理 MUAP 问题；大数据使我们能够实现基于场所的定量表达和分析，有助于定性和定量方法的结合，从而支持建立混合地理学。

空间、时间与人类动态:一个大数据透视

叶 信 岳

(美国肯特州立大学)

我在做 GIS 的时候是把空间计量经济学跟 GIS 结合,主要做开源的时空分析。我们说到大数据,数据有很多,不管你要不要,数据就在那里,同时我们还要讲求数据的可用性,并且注重方法的创新。大家都在用类似的方法做大数据处理,我们想把各式各样的方法整合起来。现在各种商用的软件都放在一个黑盒子里面,很难扩展,我做的比较多的是用开源的方法把代码进行集成。我觉得是一个非常需要被探讨的方向。

今天很多老师提到我们做大数据,都要做到社区的对比、跨时间、跨地域的对比,这对公共政策也是很重要的。我参与开发了两个开放的代码,STARS 和 PySAL,后者很活跃,每半年都升级一次。这是个开放的代码,利用 Python 编写,可用作时空分析,也可以跟任何可视化的模型进行衔接。我们的创新主要是把不同的 module 结合起来。

研究例子的话,我们跟美国商务部合作研究失业的分布、扩散等,我们最近也研究从社会经济动态到人群动态。人群动态比如浮动车等归根结底就是三个词:时间、空间、网络。我昨天还收到一个文件,他们那边刚刚有个犯罪分析的项目,性侵犯的数据可以取到,这个数据可以从 DNA 信息寻找犯罪者,这样我们可以从 DNA 计算和文本挖掘,寻找并抓住那些在潜逃的犯罪嫌疑人。我们和以前的生物学一样,到了一个用新视角新方法的时代,到了一个用大数据的时代。我们也研究过台风过境时对社会组织的影响。对慈善组织的调查十分困难,非常花精力,而且非常花钱。所以我们在台风过境菲律宾的前一个月和之后的三个月,抓取 70 个主要慈善组织社交媒体的数据。我们构建了组织和组织之间的矩阵、要素与要素之间的矩阵,来分析他们的相关性。在这一过程中,开源软件就提供了很大帮助,大大缩小了我们的处理时间和相关性研究时间。从结果来看,一个"T"的时间间隔是两个礼拜,而从第三个"T"开始整个数据是往上走的趋势,飓风来临使得大家团结起来,这个相关性是显著的。我们还做了 MRQAP 的分析,计算在灾难发生 2 个半月到 3 个月之间,看前面的数值对他们有没有可预测性,结果还是有相当多的相关性的。

另一个例子是纽约的出租车乘客上车和下车的地点的关系,研究两个地块的互动性。当时我们在深圳的合作者提供了一些数据作为尝试,出租车的每天 GPS 数据点大概有六千

万个。我们的轨迹分析的做法是从文本分析的做法来做,我们把出租车的点都匹配到街道上,我们就把这个东西做成文本分析,我们的合作者开发的图形数据库可以存储海量的数据。我们还利用 LDA 进行文本分析。本来是文字的东西到了地图上就便成了空间结构,反映了深圳的组团现象(图 2-2)。另一方面还可以知道出租车的空载率,比如说下午 3 点到 6 点,把空载率进行空间可视化,可以发现某些区域有大量的载客出租车或是空载出租车集中的地点。随着时间推移,可以发现城市结构发生改变,这个是和智慧城市结合的。我们还研究创新扩散,研究五十年来一个组织的扩散,如何从学校组织到影响全世界。还有无人机,我们是一边飞一边分析,用于灾害监测和非正常驾驶。

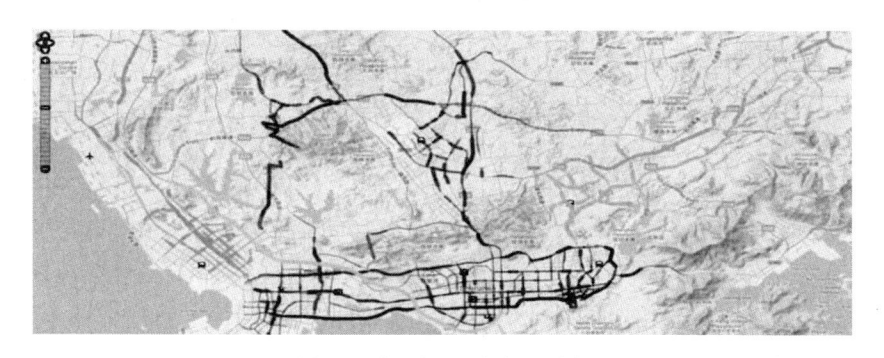

图 2-2　深圳出租车轨迹分析

最后,介绍我们把 place 和 space 是如何结合的,比如说出租车,我们可以查找某条时间经过某条路的出租车数据,也可以搜索某个区域人的感觉,而非用经纬度或者圈定位置进行查询。

人迹地图——时空行为规划分析平台

茅 明 睿

（北京城市规划设计研究院信息中心）

我是一名规划师，三年前规划行业开始关注大数据，但是三年来，行业的痛点并没有发生变化：第一数据源，无论城市研究者还是规划师，都找不到一个稳定可靠的数据来源；第二技能，面对大数据缺乏的分析技能，不知道数据怎么处理，怎么分析；第三应用，这也是最难的问题，即便我们拥有了数据源，也做出了一定的分析成果，到底对规划设计有什么用？也就是"so what"，那又怎么样。

我们一直在设法解决这三个痛点的问题，最近有所进展。经过北京城市实验室（BCL）的一系列基于新数据的探索，我们发现——正如龙瀛所总结的：开放的数据都不大，大数据都不开放。在2014年年底我分析了对规划行业有价值的主要大数据源，结论是要兼顾数据的属性维度、尺度和粒度，对规划行业最有用的大数据在互联网公司手里。北京市规划院和北京城市实验室BCL的双重身份使我们具备了与互联网行业接触的良好条件，经过一年多的沟通，我们最终与Talkingdata达成了合作。

Talkingdata是目前除了BAT以外中国互联网上最大的第三方数据平台，基于其服务的十多万款APP所采集的数据，其能够覆盖23亿台智能移动设备（月活跃6亿、日活跃1亿），每天能采集二十多亿次定位数据，针对每台设备都具备丰富的标签，理论上每个设备最多可以有六百多个标签，当然实际情况是不同标签能覆盖的设备数量不一，它的标签种类包括了四大类：人口的属性，比如性别、年龄、婚姻等；设备的属性，比如品牌、机型、操作系统等；还有应用兴趣和消费偏好（图2-3）。相比起手机信令数据，互联网的LBS数据不仅能够覆盖更广的区域，更具备丰富的属性维度，也就是俗话说的数据的厚度。

对于互联网公司而言LBS数据就是一堆关于"ID、时间和坐标"的文本记录，表达在空间上就是一些点；而城市研究者和规划师对于LBS的数据的理解有很大的不同，其中最核心的差异是对位置、空间、场所的理解差异。

互联网企业虽然拥有绝好的数据资源，但是他们缺乏领域知识的沉淀，对于城市，他们缺乏空间认知，所以在他们的应用中，位置就是坐标以及坐标的集合，所以绝大多数互联网的位置数据都以热力图呈现，因为热力图不需要任何空间边界就能显示出分布密度特征。

而城市规划不同,空间并不是没有意义的坐标,它是有异质性的,这种异质性以边界的形式呈现,而边界所围合的范围是有自然属性、社会属性的,通过人的活动,这些由不同边界围合的空间成为具有不同意义的场所。

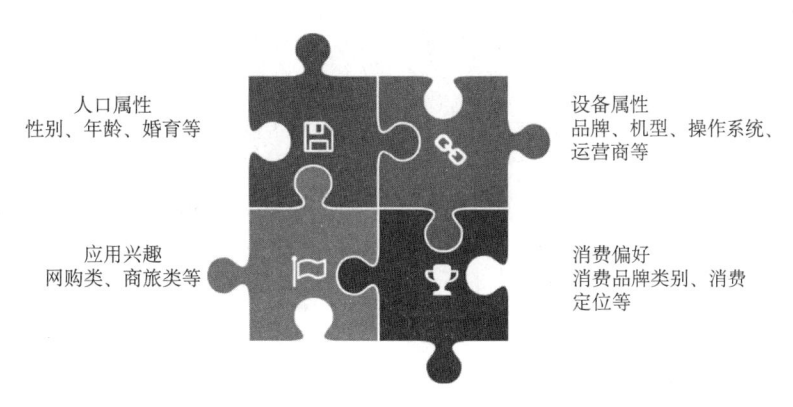

图 2-3　LBS 数据标签种类

城市规划是一门基于人与时空间关系的人居环境科学,传统规划中,空间分析是我们的长项,我们擅长划定边界、分析边界,以及赋予不同的边界不同的意义。近年来随着时空间行为研究的兴起,传统规划也开始转型,关注起人的活动,所以人的时空行为大数据显得尤其重要,而规划学科对空间的深刻理解,以及对时间和市民的认知差异都有助于我们将互联网 LBS 数据以及用户标签数据的价值发挥出来,通过特定的空间边界、特定的时间边界、特定的人群属性挖掘这些数据内在的价值。

北京大学柴彦威教授的《空间行为与行为空间》一书总结了生活圈规划理论,他通过社区居民的出行行为日志,基于人的时空间行为,识别出不同的空间范围,并赋予其特殊的意义。柴老师认为市民的生活圈可以分为:社区生活圈,即市民的居住社区范围;基础生活圈,即市民日常生活的基础生活范围;通勤生活圈,即市民居住社区与工作地之间构成的通勤范围;扩展生活圈,即市民居住社区与他们中长距离出行探亲访友、休闲旅游的活动范围;协同生活圈,即市民居住社区与有商务联系经常出差或者回老家等多次反复长距离出行构成的生活圈范围。

那么回到互联网 LBS 数据,借助于相关理论对时空行为的解释,我们可以利用每个 ID 的定位记录,对他们进行不同生活圈的建模识别,寻找到他们行为轨迹中的"锚点",为他们的活动打上不同的标签。比如:参照社区生活圈,识别 ID 的居住地,简称"住";参照基础生活圈,识别 ID 的日常活动地,简称"闲";参照通勤生活圈,识别 ID 的工作地,简称"职";参照扩展生活圈,识别 ID 的度假地,简称"假";参照协同生活圈,识别 ID 的特定联系地,简称"协"(图 2-4)。

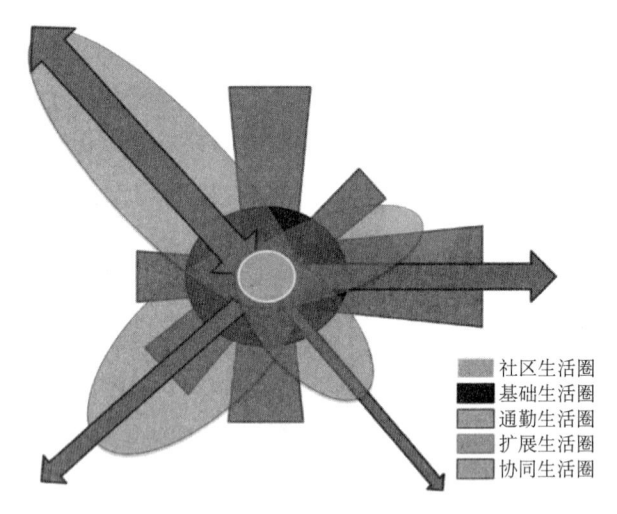

图 2-4　基于互联网 LBS 数据生活圈划定

图例：社区生活圈、基础生活圈、通勤生活圈、扩展生活圈、协同生活圈

这需要对 ID 的定位数据进行清洗、建模、统计，设定出合理的标签规则，然后按照规划的特定边界需求对 LBS 定位数据进行统计，形成基于不同边界、不同粒度的数据来应对不同层次的需求。

当前在互联网上，大数据——尤其是城市大数据已有若干个应用服务平台，比如：百度的百度热力图、百度迁徙；腾讯的宜出行平台等，这些平台都有着高质量的人的时空行为数据，但是它们都仅停留在"现象描述"层面，仅能反映表面的随着时间的分布状态或者短期的联系、分布特征。

对于城市规划、交通规划等行业应用而言，仅有现象描述是远远不够的，所以我们看到清华同衡规划院，利用百度和腾讯的热力图、人流密度数据，通过专业知识的加工、计算，得出了远比其原始平台有价值的结果。所以规划行业还是有自己的本底优势，利用领域知识，对原始的时空间行为数据进行组织、加工、统计，设定合理的标签和指标，再通过平台交给规划人员，理论上可以实现对任意时空范围的分布、联系、人口和空间特征的可交互式的提炼、统计、输出和可视化，这使时空行为数据从"现象描述"更进一步到"统计特征"层面。

随着数据的沉淀，当我们积累了足够多的时空行为数据，以及相应时期的其他数据——POI 数据、政策数据、现状用地数据、规划许可数据、企业数据等，我们就有了发现时空行为与城市、规划、政策、经济等相关规律的可能性，如果将这些规律加工成工具和指标，提供给规划师，则能够让平台进化到"规律发现"层面。

最后，基于发现的规律，我们可以研发出基于时空行为数据的规划支持模型，来对城市空间、社会、经济、人口发展等作出预测和模拟，这也是我们开发的 CITYIF 人迹地图规划分析平台的终极目标。

对于 LBS 数据可以从时间、空间、组群三个维度来进行分析,而不仅仅是简单的热力图呈现。一方面,如果我们将时空间行为数据看作一个二维空间平面和一个纵向的时间轴的话,一组时空行为数据则可以视作若干的空间平面的叠加。另一方面,如果我们考虑到人的异质性,则空间上分布的人群可以视作不同特征的人的集合。所以可以从不同的角度解构这个数据,或者对这个数据进行投影,以及基于这些投影进行分布特征和联系特征的分析。

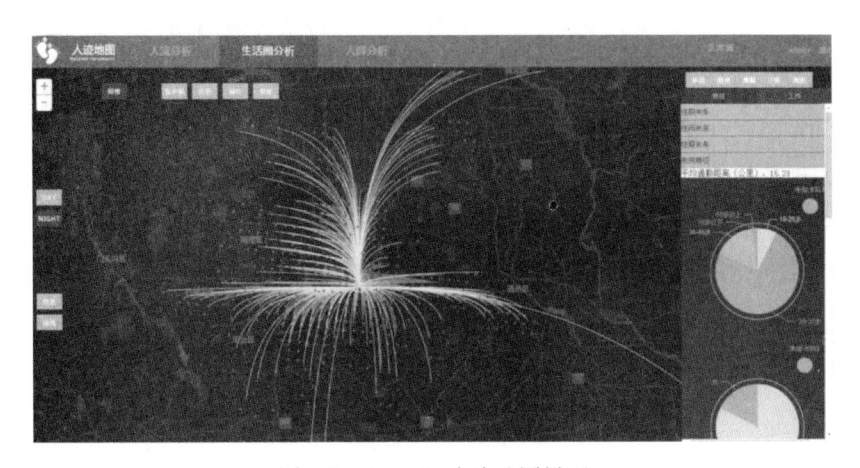

图 2-5 CITYIF 人迹地图界面

CITYIF 人迹地图作为一个覆盖全国 960 万平方公里的时空行为数据平台,我们可以看到全国的任何一个地方随着时间变化的人口密度分布,以及点击任何一个单元查看该单元的人口瞬时结构特征,比如:年龄、性别、是否有车等。此外,平台还可以集成多源数据,比如北京的 IC 卡刷卡数据,我们可以看到随着时间的变化各站进、出站人流数据:该时刻进站人数;进站客流的去向;出站人数;出站客流的来源;人群的类型(我们对 IC 卡的用户进行了画像比如说普通乘客、大学生、中小学生、穷人、乞丐等),下一步我们还可以看到特定人群在空间上是怎么活动的(图 2-5)。

人流分析仅仅是对 LBS 数据的现象描述;通过对人群的长期行为的观测和建模,找到不同区域、不同类型的人群的锚点,可以开展其生活圈的分析。将数据按照不同的单元进行组织——数据的精度是 70 米,所以理论上可以做成 100 米的网格。目前平台展示的是 1 平方公里网格,我们也可以按照交通分析小区(TAZ)、规划的街区、片区或者乡镇街道、区县等行政区划体系去组织数据,然后点击任何一个单元,我们可以看到居住在该单元的人在哪里上班、工作在该单元的人都从哪里来、该单元的人日常活动去哪些区域或者经常与哪些外地城市产生联系,不仅如此,还可以看到该空间单元的一系列统计指标,比如平均通行距离、人口结构、性别结构、婚姻状况、有车没车、地方的职住比、内部通勤比例、外向通勤比例等等。目前正在运算的空间单元指标接近 40 项。为了满足规划分析和研究应用需求，当研究边界跨多个单元时，系统支持对空间单元进行多选，以及用色差、连线等多种方式进行可视化展示。目前人迹地图平台已经在北京的通州行政副中心规划研究等重大项目中发挥作用，此前我们也基于该平台的数据在澎湃新闻发表了"北京：本地人，外地人"一文。未来平台会集成更多的数据，比如企业、物流、社交媒体等，此外，我们还会有更多的合作伙伴、更多的功能和更好的数据质量。

人迹地图平台是互联网上第一个全国范围的时空行为规划分析平台，是由规划人跟城市研究者研发的、为城市工作者服务的平台。规划人和城市研究者不应该将精力花在找数据和清洗数据上，而应该开展有深度的研究，以及思考研究成果的应用问题，它基于开放、合作的理念，为规划行业和城市研究者群体服务。平台可以对各位城市研究者的成果进行应用转化，也会与研究者合作开展数据分析、指标计算，同时可以以较低的成本支持高校、研究机构的城市研究。由于其具备全国各城市的数据，属性维度也比较丰富，所以学者可以按照任意单元、任意属性维度开展数据分析，同时还能够对多个城市、多个地区进行横向对比。

虽然目前平台的功能和数据质量还有待完善，但是我们正在加紧数据的清洗、建模和功能开发工作，很快它就能正式上线运营。希望人迹地图平台能够对全国的城市研究者、规划设计机构发挥积极作用，也欢迎广大的研究者参与到这个巨大的事业中。谢谢大家！

基于大数据的城市实时交通数据推演

黄 波

(香港中文大学地理系)

第一次参加这个大会,非常高兴有机会跟大家交流一下。我今天主要介绍基于大数据的城市实时交通数据推演。我这个报告的内容实际上主要有三个方面,一是实时交通数据推演,二是时空异质模型,三是时空多分辨率数据生成。时空大数据与时间和空间都有关系。另外,时间有分辨率,可以以分钟、小时、天、周、月、季、年等计量,空间上也有分辨率,比如从街道到区、再到城市、到省。时空分辨率方面我们做了一些工作,也想跟大家交流一下。

关于实时交通数据推演,我们做了一个实时环境监测的 APP,既有安卓版也有 IOS 版本,这个 APP 可以提供一个城市任意位置的污染物浓度数据如 $PM2.5$、$PM10$、NO_2、CO 等,也可以计算出健康风险指数。我们需要利用遥感数据反演出气溶胶厚度,这对污染物的推演有重要作用,同时也要结合实时气象数据和交通数据等进行综合计算。在香港,实时环境数据通过 15 个环保监测站提供。监测站分布不太均匀,只有 3 个是路边的。我们将 500 米 MODIS 反演的气溶胶产品与 30 米 Landsat 反演的气溶胶产品进行融合,形成 30 米每天重返一次的气溶胶产品,再利用实时的环境观测数据,开发了这个实时空气污染监测的 APP,把污染信息随时、随地显示出来。

目前,我们主要做了三个城市:香港、深圳与北京。在香港的 APP 界面,任意点一下就会弹出来,可以把 $PM2.5$ 的信息,还有一氧化碳等信息显示出来。在这个工具开发当中,为了不断提高精度,我们需要获取实时的交通数据。由于我们不可能获得浮动车的交通数据或者线圈的数据,所以我们开发了一个软件抓取高德地图的实时交通数据信息。我们将抓取的瓦片提取出来,然后拼起来并矢量化,就可以把拥堵的信息提取出来,这样的好处就是所有的城市都可以做,可以形成稳定的实时交通数据(图 2-6)。

下面说一下跟时空大数据有关的时空加权模型:GTWR 还有 GTWAR,可反映时间的异质性。我们实际应用的数据是房价数据。地铁沿线会影响你的房价,在广州邻近不同学区的房子对房价的影响也会不一样的。另外,不同时期对房价的影响也不一样。时间的异质性和政策有密切的关系,不同的政策也会导致房价升跌。传统的模型主要有两种,全局模型还有局域模型,但现有的模型很少考虑时间异质性或者尚未同时考虑时空相关性与时空

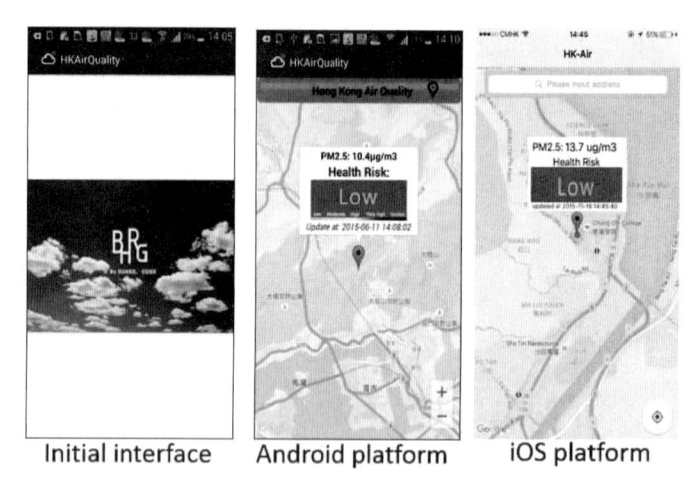

图 2-6　手机 APP 平台截图

异质性。我们做的工作主要是在这两个方面进行改进。由于传统的 GWR（地理加权回归模型）没有考虑到时间的异质性，就是说交通的远近在不同的时期影响是不一样的，所以我们需要把二维空间扩展到三维空间，增加了时间的维度，将时间和空间的距离线性的组合在一起，我们也假设时间上的衰减和空间上的衰减，就可以推算出时空加权矩阵等于时间权重矩阵和空间权重矩阵的一个乘积，这个重要的推导就使时空异质的结合成为可能。

我们看一下房价数据来解释一下 GTWR 模型，如果用传统的模型就是 OLS 的模型估计，拟合精度比较低。GWR 这个模型仅仅考虑了空间，包括区位、交通、建筑质量等影响因素，但忽视了时间的异质性。而 TWR 则只考虑到时间异质性，不同时间点对房价是有影响的。如果我们把时间和空间都结合起来之后发现 GTWR 的 R-squared 增加到 0.92 了，说明时间异质性和空间异质性相结合是很有帮助的。当然这个模型好处不只是反映在精度的提高上，另外在空间上也可以反映出不同政策对于这个变化的作用，好处就是对于解释的能力的提高。GTWAR 把时空的相关性和时空的异质性一起考虑了，我们用深圳的房价做了一个案例分析，时空相关性和时空异质性结合起来还是非常有帮助的。如果仅仅用 OLS 模型，精度为 0.61，用 GWR 模型考虑到空间的异质性，精度就到 0.736，如果用 GTWAR，时空异质性同时考虑，精度能达到 0.914。尽管数据在不同地方表现的不一样，但是增长趋势是一样的，同时考虑到时间和空间的相关性与异质性对模拟的精度会有很大的提高作用。

最后再说一下全属性遥感影像一体化融合。利用已有高、低分辨率影像的特性，建立它们之间的关系，并采用影像超分辨率技术，生成时间、空间、光谱及角度可选择的或全属性高分辨率影像，方便对变化中的环境进行连续的、高分辨率的监测。另外还有一个空角融合，通过卫星进行多个角度观察，有利于三维高分辨率模型的重建，对提高预测精度有重要作用。

特 邀 评 议

杨俊宴：我听了这些报告，把比较有趣的点跟大家分享一下。第一个就是对于大数据的研究定性和定量的东西。我觉得在大量的定量研究之前要有一个定性的判断。大数据会提供给我们更多的真实材料，在这之前要有一个蓝图，在这样的蓝图指导下就有目标和方向，否则的话很有可能陷入大数据中，不可自拔。第二个是我们做大数据的时候很多是在解释城市的复杂现象。其实大数据提供了一个更好的方法，让我们有更高的分辨率来解决这个问题，是一种解释性的研究，所以我觉得这种研究是互相包容的。第三个就是关于我们批评的问题，正因为我们在前沿，所以我们的每个报告都是有缺陷的，而且我们来自不同的学科，在这么多学科交叉的研究中我觉得是充满着包容性，我们要相互相信自己的梦想，谢谢。

张景秋：我也谈一下我对六位老师报告的一点儿体会。其实从上午到下午的上半段来讲，大家都一直沉浸在大数据里，有的人会很羡慕，羡慕别人有很多的大数据可以用。所以，我想说的第一点就像刚才有的老师讲到的："数据就在那，看你是否幸运能拿到它。"但我想强调的是听了刘瑜老师的报告，让我们重新审视大数据的作用与意义是什么？我觉得大数据是一种提供社会现象观察的手段与工具，每个人都可能是大数据的贡献者，如手机信令数据，我们每个人都是一个社会传感器，在这个过程中我们每个人又基于专业特点，如有的人既是地理学者又是规划学者，从这样的视角来看，如果我们强化大数据作为一个观测社会现象的手段与工具，是不是可以重新认识地理学的相关方面？第二点是大数据给我们提供了一个全新的机会与视角，我的体会是对于一些经典地理学模型，例如空间相互作用、断裂点等，传统研究利用人口和距离，当时用人口只是基于统计数据的人口，但现在拥有了手机信令数据，是否能对传统地理学相关的理论和模型有一个新的挖掘和探索？这个也是大数据给地理学者思考的一个角度。第三点最深的体会就是关于地方（place），大家都知道段义孚很经典的一本书 *Space and Place*，过去我们在看他的东西的时候可能觉得太人本主义，可能觉得不是那么科学，当然没有谁会说社会科学不是科学。而现在我们更加关注的是以人为本，人作为地方最核心的部分，如何来体现这个"人"？所以说，尽管大数据可能有偏，在某些方面不一定那么"科学",但大数据让我们可以重新审视作为个体的人,他对社会的贡献或者对城市研究的贡献。所以未来基于大数据这样一个视角,地理学是不是会进入一个人本主义的转向?第四点我觉得这次会议,大家对于大数据更多是基于现象的挖掘和探讨,当然今天上午杨老师就在讲未来是不是会有一个能力的建设——大数据作为理论和方法的研究能力,所以说我们不应该花更多的精力去做数据的处理,应该有一个平台,所以今天下午很高兴听到我们的茅老师和叶老师都讲到了开源平台这个问题。我觉得如果我们"空间行为与规划研究会",能够在某些层面上整合一下力量,将来我们通过研究会做一个开放的平台去推进,就像美宝老师说她的国际合作项目很欢迎大家都去介入,一起探讨理论与方法。也许明年的研究会我们可以从理论、方法和平台的视角再做一个更深入的推进。最后想说一下大数据与规划应用方面,比如说互联网＋规划,包括大数据＋规划等,这也许可以说是地理学跟规划相结合的一个非常好的契机,是大数据给我们带来的契机,不管是智慧社区也好,还是刚才有老师的报告中提到的也好,核心就是如何来体现这个智慧——体现的是管理,还是服务,还是作为个体的人的参与以及对整个我们生活的城市品质提升的贡献?这些就是我的体会,谢谢大家!

第三部分
时空间行为应用研究

　　时空间行为研究的相关理论与方法在多个领域得到应用,本部分报告者分析并展望了时空行为研究框架下的主要应用方向;分别从居住、就业、交通与产业等方面,介绍了基于工作地的居民出行链特征、住宅设计中的空间行为分析和消费者偏好、快速公交与 TOD(交通引导土地开发)等对居民交通出行的影响等;此外,延展探讨有关人口与产业协同转移和居住区空间生产等研究问题。

时空间行为研究及其应用方向

周素红

（中山大学地理科学与规划学院）

谢谢大家，今天下午的报告我尝试做一个框架性的介绍，是我自己的一些思考和想法，不成熟的地方欢迎大家批评指正！这次会议的主题是"时空行为研究"，之前探讨的时候提到一个问题，即我们是不是需要更多地把时空行为的研究向相关领域扩展？呼应今天早上保继刚老师提到的，地理学的研究怎么进行知识溢出？我们尝试延续已有的研究体系，更多是把相关的方向，包括规划、社会、城市公共管理等领域做一些对接。

早上有很多老师提到，目前数据不是问题，特别是时空数据。现在的研究有很多时空数据的支持，但在这些数据的支持下我们可以往哪些方向去探索？这是一个方面。第二个方面，我们目前核心的应用领域是城市规划或者交通，但是大家也越来越发现规划面临一个新的转型，经过快速城市化、过了50%的城市化率之后，中国的城市规划确实面临新的问题，传统的规划项目将逐渐减少，这个也是规划界大家达成的共识。而同时我们规划界从业人员的体系非常庞大，接下来怎么走也是整个规划界大家热议的一个话题。是不是我们的研究可以从另一个方面帮助从业人员找到新的思路、寻找到新的方向？在这里，我简单地介绍一些不是很成熟的探索，包括我们最近把地理、规划的研究思路尝试与公安的犯罪等领域进行对接，发现他们对我们的研究非常感兴趣，想跟我们合作。因为他们发现，现在有PGIS（警务地理信息系统），能够获取大量犯罪的报案和破案数据以及其他带有时空标签的数据，急需相应的理论和方法支持他们去开发，帮他们更好地配置警力、有效打击犯罪、进行犯罪防控等。所以通过这个例子，我想说我们要更大胆地去尝试、去探索。其实地理也好，规划也好，我们培养的很多人才都是通识性人才。这些人才在面临新的转型的时候，完全可以往相关的领域扩展，找到自己新的行业或者是自己新的定位，所以我想给大家谈谈我的一些看法。

这是跟柴老师、古杰、闫老师一起合作的，以"时空研究"为核心关键词搜索出二千多篇直接文献和七万多篇引用文献，得出一个数据库，归纳出的图表（图3-1）。这张图主要说明的是从1999年到2013年有关时空研究的核心领域里面，主要关键词和引用关系的演化。我大概归纳了几个类型：第一类是关于"时间和空间"主题本身的研究；第二类是直接跟应用

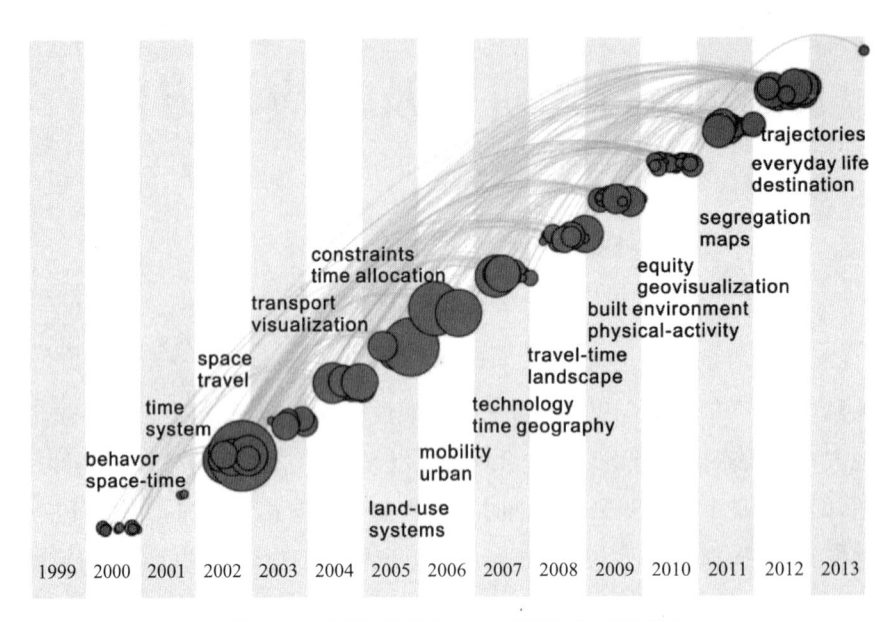

图 3-1　不同年份的热点关键词及其引用关系

（资料来源：古杰、周素红、闫小培、柴彦威、郑重："基于文献引用关系和知识图谱的时空关系研究热点分析"，《地理科学进展》，2013 年第 9 期。）

有关的主题，比如说交通、建成环境、土地利用等；第三类是社会维度上的主题，比如说公平、隔离、日常生活等。此外在 2012 年之后，出现"轨迹"这类在大数据之后冒出来的新词汇，如果再继续延展，有了前面的研究，未来的方向是怎么把原来关注的主题与当前的主题进行有机的结合。因为大家提到数据不是问题，重要的是研究问题。所以对研究的重要方向，我们可以预知的情况是结合大数据，将这些越来越多源的传统时空数据和新型时空数据融合之后形成的、结合我们已有的研究主题开展一系列的研究。这些研究领域目前关注的主要是地理、交通、土地利用以及 GIS、计算机等。

同样是利用这份数据我们分析出来的最经典的文献，是来自哈格斯特朗的时间地理学的代表性著作，另外，我们分析了文献被引关系，里面具代表性的还有在座的关教授。哈格斯特朗的文献提出很经典的图，包括研究范式，这个研究的框架一直都得到了大家的关注和引用并不断发展。哈格斯特朗研究的一个主题就是我们要对人的行为主体进行关注，在此之前的大量研究缺乏对人本身的关注。但是对个体微观行为本身的研究固然重要，在应用和拓展领域里，群体性更重要。米勒（Miller）在 2005 年提出来人类所有的活动都可以视作行为，他把人的活动更加广义化了，可以是日常出行、购物等 24 小时维度上的行为，也可以是更广义的，比如说在历史长河里面扮演某个角色，是历史长河里的行为。所以行为可以有更加广的内涵，如果尝试探索这个时空研究框架在应用领域的拓展，是不是有必要对行为进行更加广义化的理解？当然广义化理解要有它的内核，我们不要偏离这个内核，但可以有更广的思路去解释。

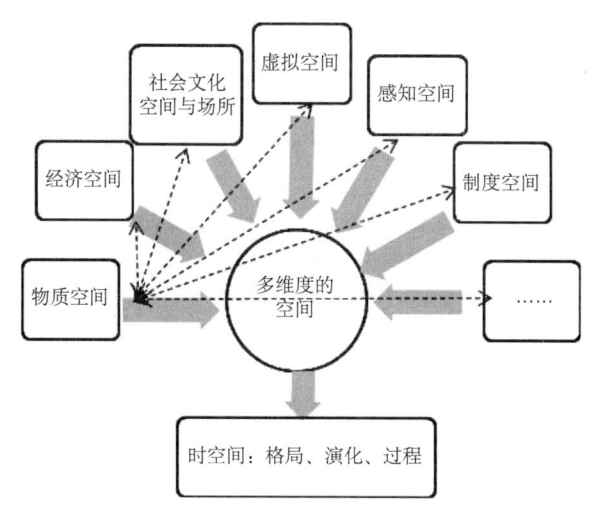

图 3-2　城市时空间行为研究框架

图 3-2 是我们提出来的框架，在传统的很多维度的空间结构中，加上时间维度，将为我们带来更多新的研究问题。在现在已有的时空研究领域里，核心关注的是社会文化空间与场所等与时空行为交汇之后的系列研究问题。有没有可能进一步拓展到经济空间、虚拟空间、感知空间、制度空间等一系列的空间行为研究里面，当然这个是泛化的探讨。但不管怎样拓展，时空间行为研究是存在一些共性的研究框架的，这个框架包括以下三个部分：

第一，时空的集聚性。不管是研究企业的选址行为也好，个体的行为也好，城市的空间格局也好，我们一直在探讨格局和集聚性问题。所以时空的集聚和分异对接传统地理学强调的地域性和差异性，地域格局强调空间，加上时间之后成为时空的集聚和分异，形成共性的研究，我们可以在很多的空间维度里面探讨这样的时空集聚性的问题。

第二，时空的关联性与衰减性。我们以往讨论比较多的是空间关联和空间的衰减率，但实际上时间和空间存在时空衰减性，比如说我们研究讨论的时空核密度，时间和空间的距离衰减放进去之后，发现可预见性精度会提高，刚才黄波老师提到的模型也是这样的概念。

第三，时空的过程性与动态性。其实很多的研究都在讲格局和演化的过程，时空的过程性和动态性是我们在不同的研究问题里面可以采用的研究思路。除了研究共性之外还有很多共性的技术和方法，这些我简单地说一下，包括 GIS（地理信息系统）、遥感，已经有从时空数据的生产到建模到应用的方法。

基于上述研究框架，形成了时空间行为研究的共性技术、方法和应用方向（图 3-3）。

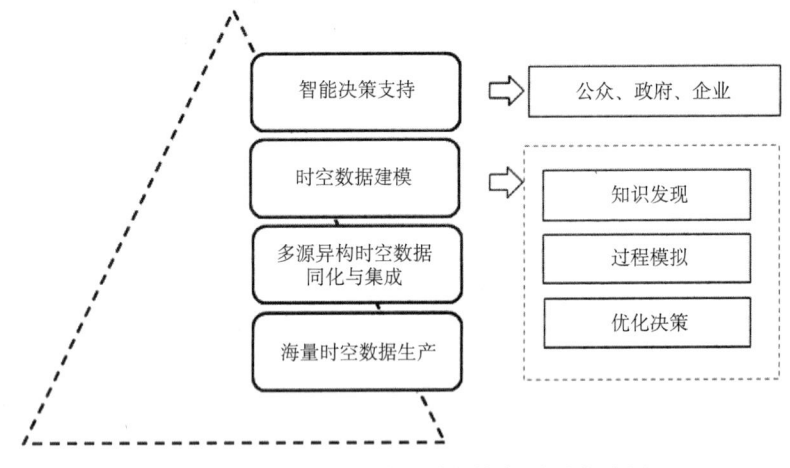

图 3-3 城市时空间研究的共性技术、方法与应用

后面我简单讲讲对研究应用方向的思考。首先第一个方向，我们可以把时空研究放在城市交通和城乡规划的核心领域里面。以往的城市交通关注很多领域，包括交通工程、交通规划、交通地理，这样的一类研究领域各有各的侧重，但是存在一个共性问题，就是我们很多时候在关注布局、关注物流和交通流的组织，这些大多是物质层面上的交通，但是事实上交通是人的交通而不是车或者物质的交通，已有的研究有关社会的维度往往是缺失的。因此，交通地理学和社会地理学两者的结合是解决交通问题的根本，而地理信息系统能更精确地分析和表达交通特征（图 3-4）。

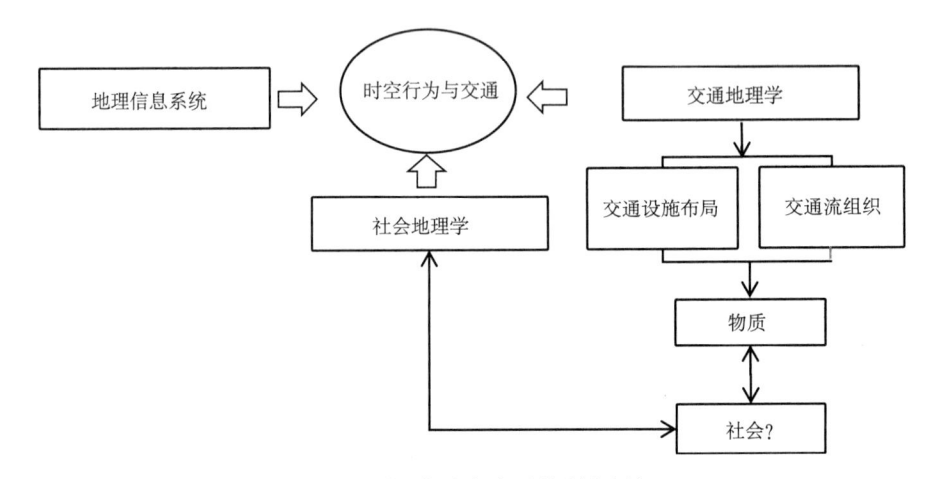

图 3-4 时空行为与交通的研究框架

社会地理提供很多视角和思路,这样的范式其实可以很好地与交通研究做有效的结合,在这结合里面我们尝试从下面三个角度去构思,在不同的时间尺度里面尝试解析交通的社会维度的问题(图 3-5):

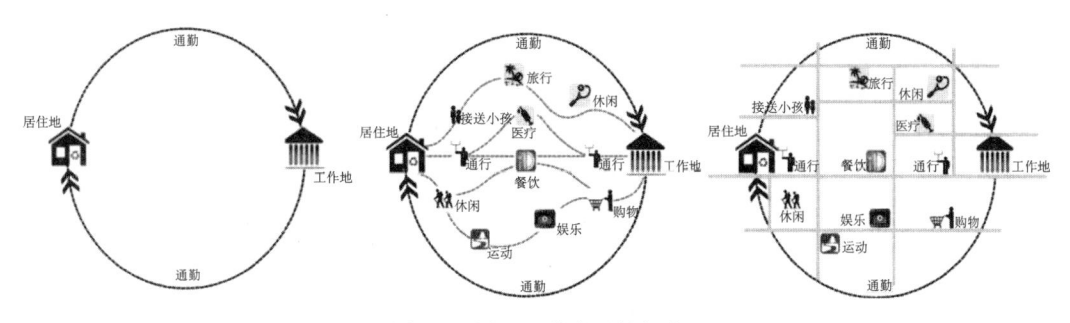

图 3-5　居民三种类型的行为

第一个维度是居住与就业选择行为。比如说从居住和就业主要矛盾的维度上面,我们去更新,究竟什么因素影响居住和就业选择、职住地空间匹配,探讨背后制度性的因素。大家都希望职住平衡,但买不起房,这背后其实是市场化带来的制度性制约,有必要从长效的机制来解析究竟这背后有什么政策和制度设计可以解决这些问题。

第二个维度是日常活动。除了居住和就业,刚才张老师也说了锚点理论,提出要考虑工作地,在居住地和工作地之间形成一系列工作链条,我们有必要进一步解读这些链条,包括刚才我提到的集聚性、差异性、过程性等维度的解构。有了这样的链条、规律之后,怎样落到具体的交通的物质化表现上去,怎样从这样的基础理论研究的规律尝试解析"流"的产生?在这方面我们已经做了一部分的工作,就是构建多尺度的职住关系测度体系。我们需要在测度的同时揭示空间不匹配的机制和因素,在规划政策方面进一步做推测和建议。这是我们从不同尺度构建职住平衡的框架,以及揭示不匹配的相关理论问题。另外,我们可以把社会地理关于空间的分异,结合时空路径,探讨在 24 小时的时间和空间维度上群体的分异现象,这对制定差异性政策,包括比如我们在不同的时间提供不同的公交线路等的差异性公共服务,提供依据。我们也尝试揭示不同阶层人群活动模式的典型差异以及空间分异现象。比如我们把 24 小时的户外活动进行时空聚类之后,发现存在典型的分异现象。此外,道路网络层面也有很明显的分异。在不同的路上走的经常是什么类型的人,有的广告公司要做广告牌就可以参考,有针对性地投放电子广告。所以,时空分异不仅体现在传统的空间维度上,在网络、路网层面上我们也可以在交通领域提出一些新的思路。

第三个维度是交通出行,我们从居住与就业、出行链到交通出行方面,把一系列的内容串起来,为实践所用。我们在这个研究领域里也尝试做这样的串联:在交通需求的研究揭示各种规律和规则;并尝试分析其背后的机制、机理。这些可以跟目前的实时交通等交通领域的研究框架进一步结合,形成一系列辅助日常交通决策的工具或者决策的平台。最近我们依托"863 计划"也做了一些探讨,包括内涝时交通的疏散和模拟,以及在网络层面上考虑宏观网络下微观信号灯的管控方案的优化等,这些都是在工程层面上做的一些探索。未来的展望是探讨在互联网支持下产生新的微观行为和虚拟行为,他们之间如何交互,如何重塑城市交通,形成新的空间,比如新的电商空间、创新空间等。

刚才我重点介绍有关交通和规划的探讨,简单再用两三分钟介绍一下另外两个方向。一个方向是多个行为主体之间交互的城市犯罪与公共卫生。前面我们已有的时空行为研究很多时候基于两种类型,一类是个体行为和基于个体行为汇集出来的效果。第二类是双职工家庭中做到,两人之间行为的交互。事实上可能还存在另外一种类型,在公共安全和犯罪有关的研究里存在 3 个要素行为的互相约束问题,也就是说因为有警察,犯罪分子不敢来,没有犯罪对象无法作案,所以犯罪实际上是一个多主体之间的互相决策、互相博弈最后达成一个行为的结果。多行为的交互会成为产生案件的重要因素。地理学里面有很多理论,其

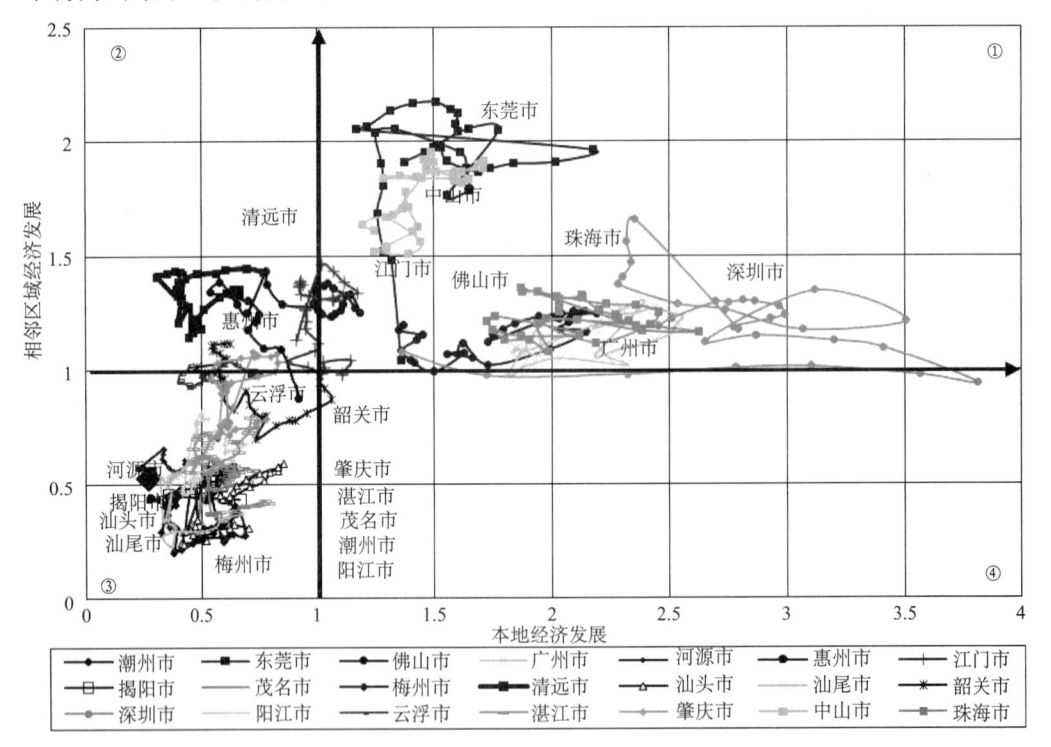

图 3-6 广东省 21 个地级市经济发展的时空路径

(资料来源:Gu Jie, Zhou Suhong * , Ye Xinyue. Uneven regional development under balanced development strategies: space-time paths of regional development in Guangdong, China. Tijdschrift Voor Economische En Sociale Geografie. 2016,107(5):596-610. DOI:10.1111/tesg.12200)

中日常行为理论是一个很有生命力的理论，我们是不是可以把这样一类时空行为研究框架和多个主体交汇结合起来。同样的研究思路可以跟疾病的传播，特别是传染病等的研究问题结合起来，我们也尝试作了一部分的工作，包括时空规律、时空模式、时空预测等。

此外，这些应用基础研究最终是希望可以辅助智能决策，构建智能决策的框架。在很多时候人文地理的范畴，我们也可以把其他领域按照刚才讲的包括时空路径等时空研究范式进行延续。图3-6是跟叶信岳老师一起尝试做的有关经济地理问题的研究，我们探讨在改革开放之后，广东省的不同城市和它周边地区发展的时空路径，通过这样的方式去看哪些地方发展好，哪些地方处于塌陷，哪些地方已经跳出塌陷。我们可以通过时空路径的形式比较好地解析区域的核心边缘关系和它的演化过程问题。

所以说时空研究的范畴，核心领域在社会、文化、地理、时间地理等，但是我们也可以尝试往相关的领域和方向进行拓展。我的演讲就到这里，谢谢大家！

基于工作地的北京城市居民出行链特征研究

张景秋

(北京联合大学应用文理学院)

我的这个题目是基于工作地的以北京为案例的城市居民,在本研究中界定为城市办公从业人员,他们的出行链特征研究。我和我的团队一直在以写字楼为载体研究城市空间结构,换句话讲,就是以工作地为核心的城市空间结构研究。区别于以居住地为核心的相关研究,更多地思考以工作地为视角的城市经济活动,包括职住分离、通勤行为等方面的研究。研究一方面来自国家自然科学基金的项目,对城市办公空间进行实证研究;另一方面,受到空间行为与规划研究会各位老师的影响,在研究办公空间结构的同时,依托戈列奇的锚点理论,关注从工作地出发的活动及其行为特征。

本研究以北京为典型案例城市,围绕工作地进行城市居民出行链的分析。从交通出行来说,分为有链和无链,从工作地出发到回家的路途中,链接了其他活动的就是有链出行,也定义为复杂链;没有链接其他活动的为无链出行,也定义为简单链。因此,我们把城市办公出行界定为工作出行和非工作出行。工作出行包括通勤和城市内部的业务往来,非工作出行包括午休时间和下班之后的相关活动。在此基础上,对出行链进行划分,划分出5种主要的出行链模式,见表3-1。

表3-1 办公出行链主要模式

序号	主要模式	描述
1	H-W-H	无链接其他活动,简单通勤链
2	H-N-W-H	上班途中链接其他活动,复杂出行链
3	H-W-N-H	下班途中链接其他活动,复杂出行链
4	H-N-W-N-H	上下班途中链接其他活动,复杂出行链
5	H-W-N-W-H	从办公地链接其他活动后(午饭、购物)返回办公地,复杂出行链

注:H:家-home,N:非工作活动-non-work activities,W:工作-work。

从数据角度来讲,我们也尝试利用小数据与大数据相结合。小数据主要是问卷数据,包括2013年"宜居北京评价"抽样调查(7 000个样本,本研究样本数1 865个)和2014年"北京城市居民基于工作地的时空间活动轨迹"问卷调查(600个样本,有效样本560个);大数据主要利用北京一日的轨道交通刷卡数据。需要说明的是,基于工作地的活动链问卷数据,尽管样本数量不多,但是对于北京城市居民基于工作地的出行链刻画还是非常有帮助的。

从结果来讲,一般而言,基于工作地的出行链时间刻画:从上午 10 点到下午 3 点是北京城市居民的工作时间,从简单链来说,这段时间居民多从家到工作单位再到回家,午休阶段的活动也是在单位中进行,没有外出活动;从复杂链来说,居民从家到单位再回家的中间还夹杂着其他类型的活动。从分析中,可以看到中午午休时间段,城市居民外出活动比例是最高的,而下班后大多数居民选择直接回家,也有小部分的居民选择在下班之后去做其他活动。从出行的方式看,外出选择步行方式的比例较高,主要是因为中午外出多以就餐活动为主;选择地铁作为主要出行方式的多集中在早晚的通勤出行;从自驾车来看,多用于晚上下班后外出活动的交通方式选择。我们用出行频次界定出行长度,可以看到,一天之内以工作地为出发点出行两次的比例是最高的,多以外出就餐或者娱乐活动为主。我们还可以考察出行活动与土地利用类型之间的关系,在图 3-7 中,深色是下班后的活动链,浅色是午休时段的活动链,可以看出午休时段单位提供的活动场地和公司附近的公园绿地是主要活动场所,占所有活动用地比例的 83%,而娱乐功能和餐饮功能活动用地主要吸引下班后的出行活动,两者用地占比为 75%。商业设施活动用地比例在午休时段和下班后没有变化,说明商业活动出行需求在工作日对于办公从业人员而言具有一定的稳定性。从性别与出行方式来看,男性更愿意自驾车进行非工作出行活动,而女性多选择地铁和步行,出行范围要小于男性。

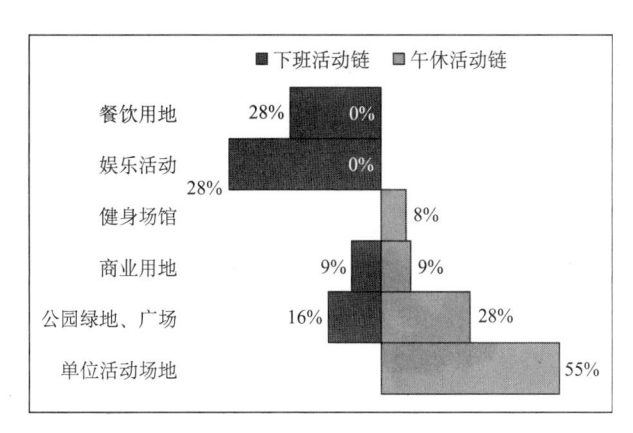

图 3-7 午休和下班后活动链与设施用地关系

此外,我们还进行了居民基于工作的出行空间识别,分为午间活动和下班后活动。午间活动占比率最高的是单位午餐及休息,其次是外出就餐和活动;下班后活动较之午间活动类型更多样,除就餐外,多从事健身和购物活动。按照距离衰减来讲,从办公室到周边场所,午间活动的峰值出现在单位食堂、附近餐馆及快餐店等,而下班后在地铁站周边 1.5 公里范围内是最主要的活动空间。同时也借鉴了柴老师的相关研究,刻画了城市办公从业人员午间休息活动时空路径以及典型办公集聚区出行的时空特征,但没有进行定量分析,多是描述性解释。我们可以看到,下班后的出行链活动类型比午间的出行链活动类型要多,城市居民在下班之后会愿意进行工作的延续,朋友之间交往或者是业务伙伴之间的交往,还有从事身体健康方面的活动(图3-8)。

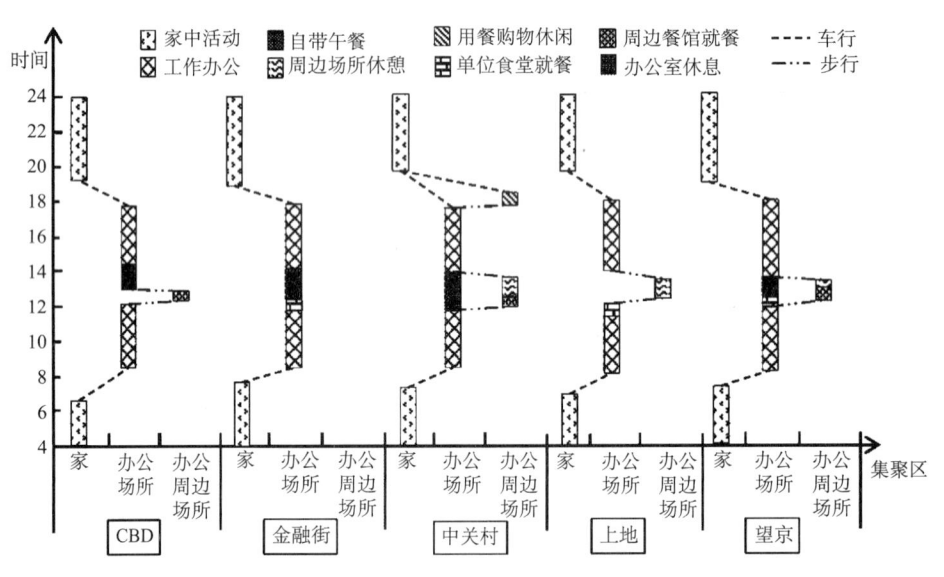

图 3-8 典型办公集聚区出行特征比较

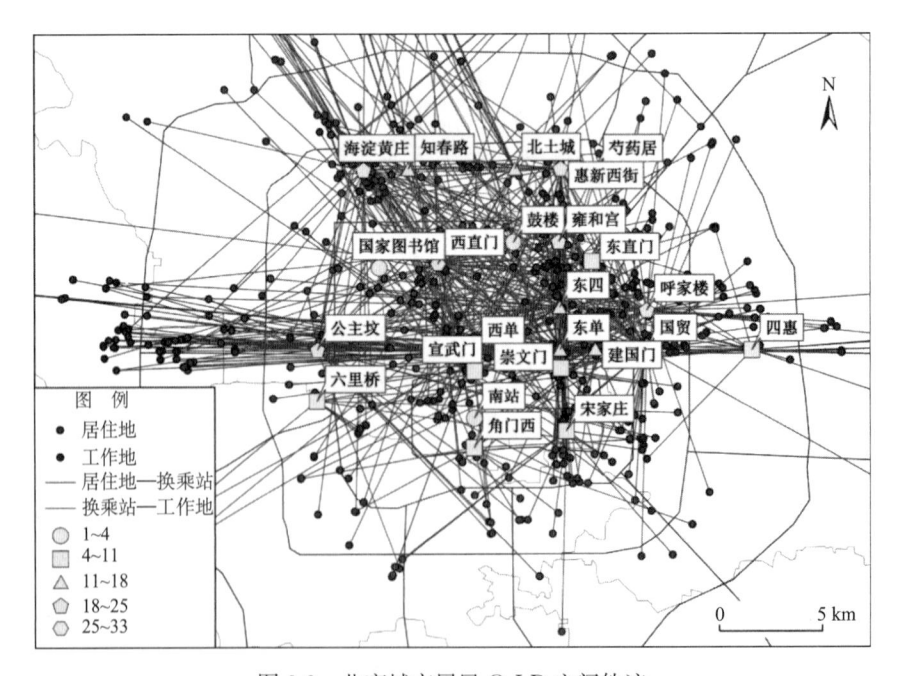

图 3-9 北京城市居民 O-I-D 空间轨迹

最后是结论部分。首先,作为场所的办公室空间及其行为是具有等级集聚性的:国贸CBD、金融街和中关村这3个等级较高的办公聚集区,其空间行为多表现为商务、金融与管理;而上地、望京、亦庄办公聚集区则多表现为设计咨询与柔性生产。其次,正如戈列奇的"锚点理论"所示,轨道交通成为连接居住地与工作地之间的主要干线。利用上千份的问卷调查数据,结合北京一日轨道交通刷卡数据分析,可以看到轨道交通换乘站点可能成为工作地锚点呈延展式组团扩展的重要节点。

另外,从过去的 O-D 调查到现在我们探索的 O-I-D 研究,更关注工作地锚点对城市建成环境的影响(图3-9)。最后,就是弱地方依赖:办公空间作为城市景观的重要组成,往往成为城市的地标。应该说,办公空间本质上是地方感很强的。但从调查中发现,弱地方依赖成为办公空间的一个特点,相对工作地而言,人们更关注居住地及其周边的建设,而忽略了每天停留8小时以上,每周5天的工作地及其周边的建设。因此,工作地所在的街道办、物业公司和工作单位都应该加强对员工的工作地安全意识培养,通过地方感知,强化地方依赖,构建安全、宜业的办公空间。谢谢大家!

住宅设计中的空间行为分析和消费者偏好

高晓路

(中国科学院地理科学与资源研究所)

非常感谢大会邀请,让我来谈谈住宅设计问题。之所以研究住宅设计,与我的专业背景有关系。我是从建筑设计和城市规划,转到区域经济和地理空间的分析。谈到空间和行为之间的关系,无论我们研究的尺度有多大或多小,无论我们研究的视角是空间还是人,空间与行为之间的理论建构都是非常关键的问题。我提出的核心命题是:"和谐的空间和行为中蕴含着理性统一"。换而言之,在我们所感受到的和谐和愉悦的空间之中,必然蕴含了某种规律。我希望以住宅设计为对象对之进行探索。我认为,这是一个很好的命题,放大或缩小到城市或其它空间情景下,也是一个具有普遍意义的研究课题。

在住宅设计的问题上,中国目前面临着很大的需求转变。1990年到2010年,中国家庭的平均人口从将近4人减少为3.1人,城市人均住房面积由15平方米增加到29平方米。老龄化、空巢化也使得人们的活动空间和心理发生很多变化。与此同时,住房的实际差距越来越大,助推了社会分层和家庭财富差距。大家都向往豪宅,求大求奢之风盛行。在这样的背景下,国家出台了对住宅面积的引导和限制措施,譬如:新建住宅中90平方米之下不少于70%;保障性住房、两限商品房的面积不能超过90平方米;购买小户型的普通商品房可以享受贷款和税费优惠等。由此中小户型住宅成为住宅供给的主流。由于面积缩小,如何在有限的空间内实现居民的最大满意度,就成为设计的核心目标,也成为评判设计是否精良的标准。我们所做的这项研究,目标是为中小户型住宅的设计提供一些新的指导。具体来说,一是阐释中国北方城市居民对中小户型住宅设计的偏好特征,二是提炼 Quality Design(品质设计)的法则。这项研究需要解决三个关键问题,第一个问题是户型空间的定量描述,第二个问题是对消费者需求的识别,第三个问题是设计的评估。

研究方案设计为五个步骤:住宅原型方案设计、空间利用和感知的量化、利用者调查、户型偏好分析、设计规则提炼。

第一,住宅原型方案设计。我们对建筑设计方案提出了要求,要求它们是具有良好通用性的住宅单元,对不同方案的设计条件进行了严格的控制,还要求每个方案都是高水准的设计方案。这项研究的合作者清华大学周燕珉教授为我们设计了七个北方板式住宅户型的方案(图3-10)。它们的建筑面积都是86平方米,面宽和进深完全相同。每一个户型都是设计师经过仔细推敲的高品质设计,在房间分隔、卫生间、厨房、餐厅、阳台、储藏方面考虑了种种不同的用户需求,体现了各自的设计特色。

第二,空间利用和感知的量化。我们采用户型的定量描述的方式,实际上这些户型传递给我们的是一种基于空间想象的信息,使我们感受到住宅空间带来的功能满足性和舒适性。经过对住宅设计原理的解析,我们归纳出三组指标:在功能方面,包括最大居住空间的面积(反映是否适于团聚)、起居室的利用(有没有3米以上的连续墙面、有没有口袋型的安定空

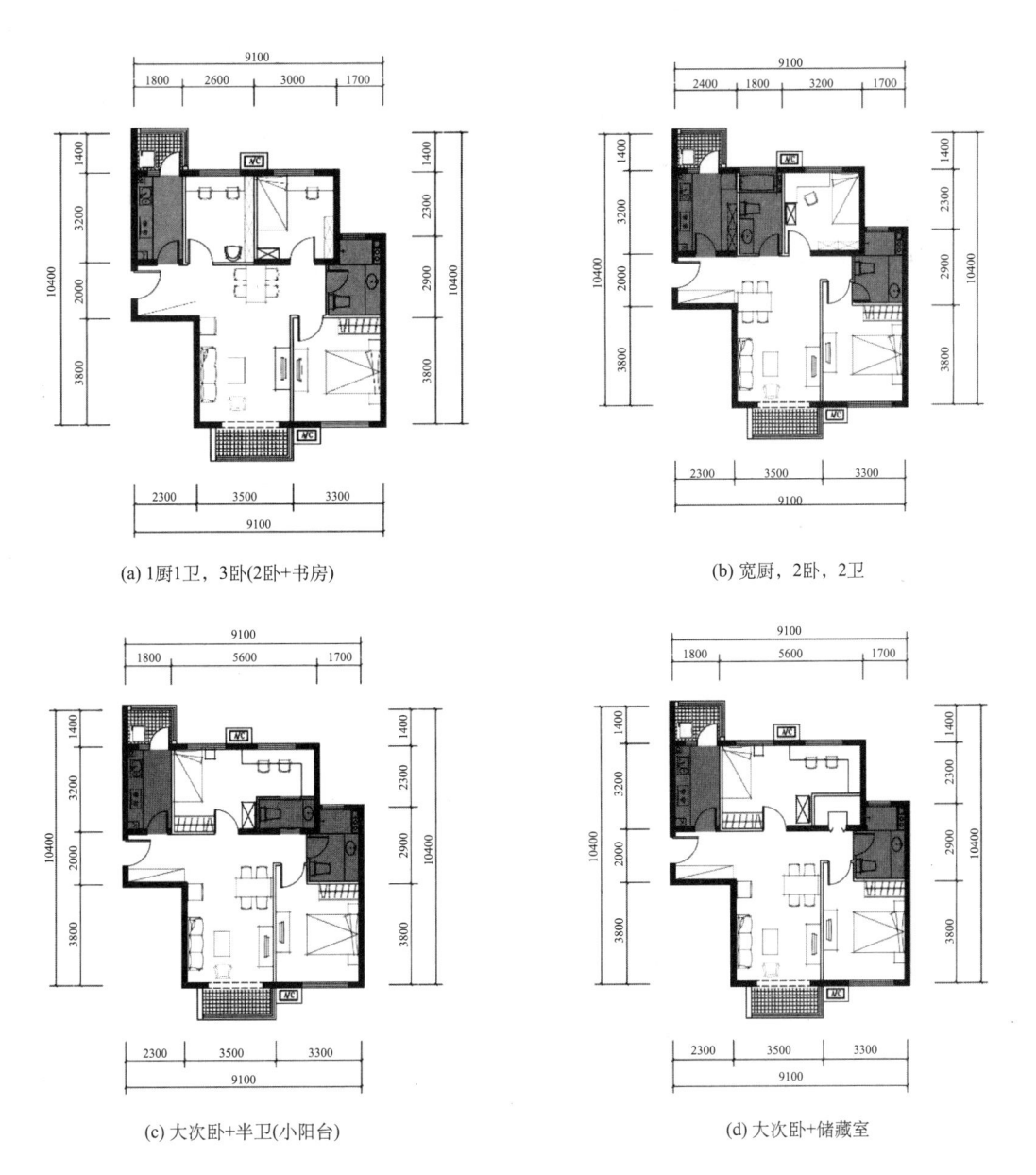

(a) 1厨1卫,3卧(2卧+书房)

(b) 宽厨,2卧,2卫

(c) 大次卧+半卫(小阳台)

(d) 大次卧+储藏室

间)、分隔灵活性、保温节能特性；在空间组织方面，包括主要生活动线的长度(如厨房与餐厅的距离、卫生间与阳台的距离)、空间的联系(如整个户型的空间深度)、空间之间的距离(如主卧室与次卧室之间的距离)；在感知舒适性方面，包括采光、视线干扰和通风。利用这些指标，我们构建了户型空间的定量评价体系。

(e) 独立餐厅，餐厨组合

(f) 中西厨分离，服务阳台内卧

(g) 酒店式主卧房，北起居

图 3-10　七种住宅原型方案

为了定量描述空间之间的关系,我们采用了空间句法的语言,把住宅的各个功能空间——比如门厅(E)、起居室(LR)、餐厅(D)、卧室(BR)、阳台(BAL)、卫浴(BA)等抽象为相连或不相连的点,然后计算点之间的 Link(链接)长度,也就是空间的深度。通过分析七个户型的评价指标,可以看出户型之间的差别主要体现在三个维度:一是空间的层次,即开放性或私密性;二是健康性,通过房间的朝向和采光体现出来;三是功能和实用性(图 3-11)。

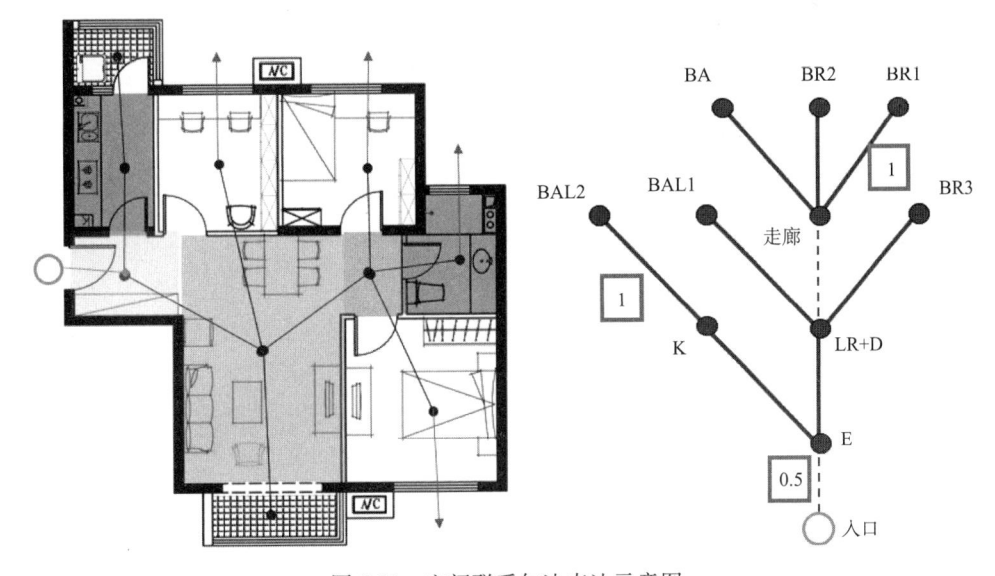

图 3-11　空间联系句法表达示意图

第三,利用者调查。我们进行了用户偏好的调查,采用网络调查方式,要调查对象对不同的户型进行成对比较。我们同时还采集了样本的家庭信息,包括家庭人口、有没有老人和孩子、收入、健康等信息。根据这些信息,可以把样本家庭分成 5 个类型:奋斗型年轻家庭、发展型核心家庭、稳定型大家庭、中低收入核心家庭、成熟型父辈家庭。

第四,户型偏好分析(图 3-12)。这些不同类型的家庭对户型偏好有什么不同呢?通过数理模型来分析他们对户型两两比较的结果,我们估算出他们对各个不同户型的偏好指数,得到的关键结论是:有的户型大家相对都比较喜欢,有的都不太喜欢,而有一些户型不同家庭的偏好差异非常显著。例如,有 3 个卧室的(a)户型,有的人很喜欢,有的人很不喜欢,又如(e)户型将第三卧室改为餐厅,变为厨房面向餐厅,而此设计有的人很喜欢,有的人很不喜欢。这说明在中小户型设计中对个性化需求的关注是非常重要的。

经过上面一系列的分析,我们对 Quality Design 的法则进行了提炼。首先,在非常有限的空间制约之下,更需要通过设计或空间信息的传达满足个性化的需求。其次,中小户型住宅的设计应该优先满足卧室、餐厅等基本生活功能的需要,而储藏空间的重要性相对较小。

再次，北方城市的住宅一定要重视房间的朝向和采光。此外，每一户都要尽量提供一个比较大的团聚空间。

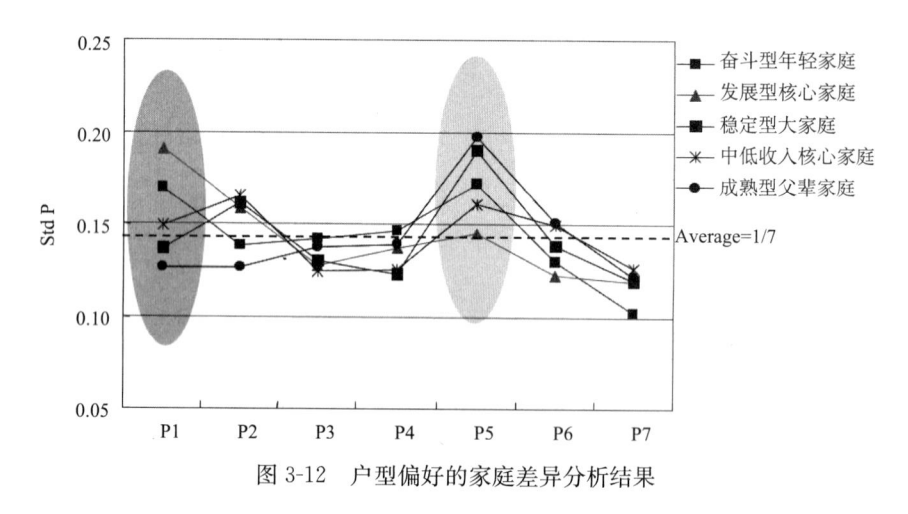

图 3-12　户型偏好的家庭差异分析结果

让我们通过这个研究案例进一步思索空间行为研究的未来方向。我认为，空间行为研究最重要的目标是挖掘空间和行为的理性，这将是未来研究的立足点和应用价值所在。回顾以往的研究，我们对空间与行为之间关系的挖掘仍然很不成熟。例如关于人和空间关系的描述，大多只是用距离、圈层等机械的表达方式，希望我们今后的研究能够更多地借助于空间想象的意象传达和场所的社会意涵表达。如果我们能够把这些表达方式有机地整合起来，同时能够突破研究尺度和研究领域的界限，那么就可以更好地建立实体空间、社会空间和认知空间的关联，真正实现科学、人文和艺术的统一。谢谢大家！

快速公交与街道改造对墨西哥城公交沿线居民慢行活动的影响

Annie Chang（通讯作者）[1]，Jason Cao[2]，Luis Miranda-Moreno[3]，Ben Welle[4]

（1、4.世界资源研究所，罗斯可持续城市中心；2.明尼苏达大学；3.麦吉尔大学）

  我的研究是关于墨西哥城的城市街道景观的改造以及快速公共交通的建设对于城市居民慢行的影响。研究背景为缺乏体育锻炼导致城市居民中出现大量的肥胖者。在全球来讲，肥胖都是一个比较严重的问题，每年大约有320万的死亡人数与肥胖有关。在2013年，美国大约有2/3的人处于超重或肥胖的状态，从1980年到2013年增长了16个百分点。英国比美国好一点，大概是62%。我们中国相对来说还是比较健康的，但是我们增长的势头很不乐观。从公共健康的领域来讲，我们希望通过公共政策干预的方式，增加居民的体育活动量，从而减少肥胖。以前的研究证明如果在日常生活中能够保持低强度和中等强度的体育活动，那将会有助于保持身体健康。从规划角度来讲，以前的研究也发现建成环境能够影响人的慢行。如果我们对建成环境进行干预，就能促进居民以更健康积极的方式生活。但是这种研究基本建立在欧美、澳洲等发达国家的基础上，而对于发展中国家，这方面还做得不足。发展中国家的机动化出行方式在快速增长，非机动化的出行模式逐渐被挤压。如果我们现在采用新的干预方式，对居民慢行活动可以起多大作用呢？这是我们感兴趣的问题。

  全世界的公共交通发展是很迅猛的，例如BRT（快速公交系统）、地铁等。其目的是通过增加公交出行来减少私人交通工具的使用。公交的发展也可能会产生一个附带作用，即促进居民的慢行活动。如果你坐公交，你肯定要从家走到公交站点，这样就会有形无形地增加了步行的行程。同时步行也会使居民增加对周边环境的了解，增加了更多潜在的目的地，这样也会促进居民步行。以前对地铁和轻轨研究得很多，但对BRT这方面的研究还比较少。今天我跟大家介绍的是墨西哥城的快速公交建设以及街道景观的改善对慢行的影响。从学科角度来讲，我认为本研究在以下方面有贡献：第一，发展中国家对建成环境和公共健康的研究并不是特别多。由于墨西哥肥胖率很高，拉美地区对这方面的研究也确实很有需求。第二，传统研究用的是截面数据，这些数据很难进行因果关系的推理。因此我们需要使用纵向设计。本研究是纵向设计，但我们没有对同一个人进行环境变化前后的测试，在这个研究里我们对重复截面数据（repeated cross-sectional data）采用了一个倾向得分匹配（Propensity score matching)的方法来解决这个问题。

案例是墨西哥城,人口2 100多万,城市发展是个摊大饼的模式。房子是高不高,低不低,非常难看。墨西哥城地铁非常发达,也有有轨电车、长途公交车,还有些小公交车,服务于不同的市场。墨西哥城的快速公交是在2005年开始运营,有六条线共125公里,在2013年的时候一天乘客量大约是90万。我们研究的是5号线沿线,这条线2013年开通,大约是15公里,共18个站点,位置大概是在墨西哥城比较靠北的地方(图3-13)。5号线有专门的车道,代替了原来的公交线路。设计也更加注重安全性,在交叉口进行改善,还配套自行车道,以及自行车停车场、绿色公共空间等(图3-14)。

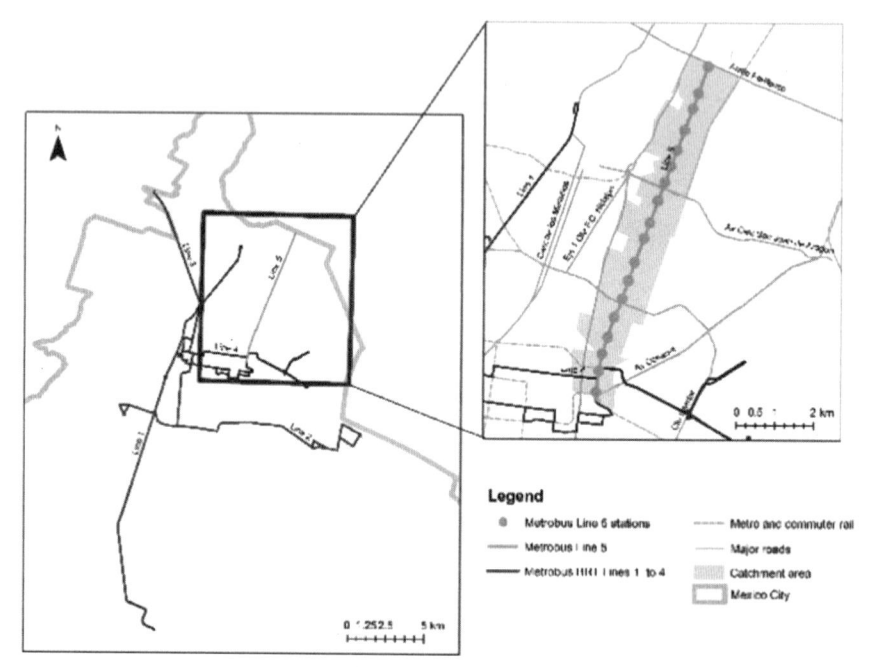

图 3-13 研究区域

图 3-14 2011年和2014年研究区域实景

我们研究的居民对象住在 5 号快速公交线 500 米范围之内。我们通过问卷 International Physical Activity Questionnaire (IPAQ) 的方式，对沿线居民进行了调查，了解这些居民慢行行为。这些行为包括交通出行和休闲出行。我们询问了他们过去七天花了多长时间走路或者骑车。我们在 2011 年和 2014 年进行了两轮面对面的访谈，也就是 5 号线建成前和建成后进行的两次访谈。但由于前后两次访谈的样本对象并不一样，所以我们采用倾向得分进行匹配。我们首先比较建成 BRT 前后交通出行时步行的时间。在数据没有匹配前，步行时间增加了 22 分钟，匹配后，时间增加了 29 分钟。如果我们把休闲出行也加在一起，得出来的结果是步行时间增加了 42 分钟。BRT 建成前后的自行车出行时间的差别是不显著的。

表 3-2 研究数据结果

Physical Activity Outcome	Sample	Pre-BRT	Post-BRT	Effects	T-stat
Walking for transport	Unmatched	131.82	153.74	21.92	2.11
	Matched	132.88	162.23	29.35	2.60
Walking for transport and recreation	Unmatched	200.22	237.60	37.38	2.84
	Matched	202.64	245.84	43.21	2.83
Cycling for transport	Unmatched	48.12	47.73	−0.38	0.05
	Matched	45.36	49.14	3.78	0.44

最后的结论是：快速公交和街道景观的改进使以交通出行为目的的步行增加了大概 29 分钟。从公共健康的角度来讲，美国体育锻炼标准推荐人们每天走 30 分钟，一周至少要走 5 天。这个增加的时间已经可以满足该标准了。如果把休闲步行的时间也加进去，那么结果就是该标准的 1.5 倍了，所以 BRT 和街道景观的改进确实可以达到刺激大家慢行的结果。但它们对自行车的影响并不大，原因可能跟自行车在墨西哥城并不是特别受欢迎有关。

特 邀 评 议

叶信岳：各位老师的报告都非常精彩,从时空分析到时空的可视化,从室内一直到室外的研究。对于现场在座各位而言,相信大家手头上都有很多各种各样的数据,听了刚刚的报告之后,可能我们都会想,他们的研究方法在我的研究中能不能用呢?像他们这么炫目的可视化表达,我们的数据是不是也可以"跑"出来呢?因为我是在做时空开源开发,我也一直在想这些方法能不能重用,要如何具体去应用?事实上,我们很多新的方法都是建立在老的方法上,我不久前拿到黄波老师的代码,也一直在琢磨能不能在他开发的 matlab 里再加点新的东西。因为他的公式也是在传统的公式中加上新的时间和空间要素,所以我也在已有的方法上加以改进。当然在数据研究里面,我们有哪些方法工具是可以公开的,哪些代码是公开的,可以跟我们的研究社区分享的,哪些代码又是不可公开的,这当中也涉及如何互相尊重知识产权的问题,我想这个可以更好地推动我们时空行为的大数据研究进展,谢谢。

姚凯：听了前面各位嘉宾的演讲,我感触很深。前面几位是做了比较清晰的研究,和我们的住房、交通、生活方面关系很密切。后面周素红教授从理论体系方面给我们整个时空间行为搭建了一个全面的构架。然后杨教授和我们都是规划界的同行,在可视化研究这块给我带来了深刻的启示。现在我们已经在进行第十一届的时空行为大会了,我个人认为要对几个主要的问题进行认真的反思。第一个是数据、方法乃至理论的问题。我们在数据获取方面赶上了好的时代,我们现在能轻易地获取了大量的数据,但是现在研究方法还相对比较杂,下一步在研究过程中要更加注重分析方法的构建。上个月我在华师大参加纪念胡焕庸线八十周年的大会,其中丁教授也提到,八十年前用手工测算出来的胡焕庸线跟我们现在 GIS 研究出来的结果是一样,这八十年胡焕庸线居然一直没有变化,说明我们的技术已经比较成熟。接下来,在成熟的技术方法体系后面也必须要有一套相对应的理论体系,特别是揭示我们人、时间和空间三者关系的理论体系,这方面还需要我们进一步地探索。另外,我们的规划界现在强调多规融合,我认为规划界、地理界,包括犯罪、环境、生态都要融合进来,形成多学科的理论研究体系。这样我们研究的领域才会越做越宽,谢谢大家。

自行车作为换乘模式在北京 TOD 地区的决定因素

赵鹏军

（北京大学城市与环境学院）

大家好，我叫赵鹏军，来自北京大学城市与区域规划系，非常感谢中山大学提供这么好的平台给大家汇报一下我们近期做的一些工作。今天汇报的是一个"小议题"，自行车。我是做城市规划、交通规划的，我今天也会谈一些空间和行为的关系，用的是小数据，原来准备公共租赁自行车的规划，因为在进行匿名评审，所以之前的题目就不汇报了，今天换一个题目，也是说自行车的题目，接下来把我的研究在 15 分钟之内给大家介绍一下。

第一个内容是研究的理论和实践背景。包括三个方面：第一个是问题导向，北京现在有什么问题需要解决？作为规划师我们首先考虑的是问题；第二个就是重大政策需求；第三个就是理论争论。政策需求这块现在新型城镇化领域提出建设绿色城市，绿色城市最重要的一个就是绿色交通、自行车交通出行，另一个就是交通运输部自 2009 年开始建公交都市，目前已经是第三批共 45 个城市在做。最重要的一部分就是要把自行车和公交一起考虑，提高公交的比率。一定要注意这里提出来的提高公交的比例不仅仅是提高公交本身，而是公交跟自行车的比例。这个概念跟国外的 bike＋ride，即骑自行车到地铁站，再去乘坐地铁的一个模式相呼应。第三个大的政策背景就是低碳城市。低碳交通是低碳城市中非常重要的一个环节。我们原来叫"自行车王国"，现在提出来的是"消失的自行车王国"。大家可以看到北京的自行车比例从 1986 年 60％ 多到现在 16％ 多，与此同时，机动车的出行率增加非常快，机动车使用频率也很高。北京机动车每天出行距离基本是超过洛杉矶、香港和伦敦。

第二个问题就是我们要怎么鼓励自行车的出行，这个方面我介绍一下 bike＋ride 模式。bike＋ride 模式在欧洲和美国受到普遍关注，尤其是在荷兰、挪威、瑞典等北欧国家被广泛实施。这种模式不是仅仅把自行车作为到达最终目的的一种出行工具，而是把自行车作为地铁、公交等延伸和补充，同公交系统一起，作为一个复合交通方式。与传统方式相比，该模式有明显的优点：首先，传统的步行＋公共交通模式，覆盖的交通走廊面是非常的窄，有自行车用，在 5～10 分钟内范围有可能达到 1 500 米，覆盖的公共交通服务范围更大，换句话说地铁的直接服务范围将更大，可达性更高。其次，该模式很好解决地铁出行的"最后一公里"

问题。例如荷兰Groningen市,为了鼓励绿色交通,政府投巨资,在火车站广场的黄金位置,修建了一个能够容纳3 000辆自行车的自行车停车场,而不是小汽车停车场。该自行车停车场是完全免费的,而且建有专门的免费自行车充气等设施。另外,为了让骑车人感到舒适,该停车场设计成半地下的,自然采光,更加宜人安全。

  第三个问题就是理论争论,关于bike＋ride的理论研究,当前国际上的研究主要体现在两个方面,第一个到底是什么因素影响自行车交通?这方面研究非常多,当前研究往往侧重建成环境对自行车的影响,但是,对于"大环境",例如地貌、天气等的影响研究不足,我正在进行一个关于雾霾对北京自行车的影响。在建成环境中,除了传统的土地利用要素之外,当前在自行车道规划设计对自行车影响研究较少,但是这个研究对决策很重要,政府到底需不需要去花钱专门整修自行车道来鼓励自行车出行?如果政府对当前的小汽车违规占自行车道进行清理,能否鼓励自行车使用?还有就是公共自行车停车场的建设多少,建在哪里比较好?是建在地铁站还是居住区?除了建成区环境,还有其他因素影响自行车交通,比如社会经济因素,在国外高收入的人更趋向于使用自行车,低收入的人反而更不愿意用自行车。可能大家认为在中国不一样,使用自行车的大多数都是低收入者。但是,我的研究发现,就bike＋ride模式来讲,在北京,中高收入者更加倾向于骑自行车。另外就是心理因素,很多人就是喜欢骑自行车,也有些人不喜欢骑,这一点在政策应用上,就是"行为教育",如果说规划方案和设施建设是"硬"方案,我们仍需要行为教育"软"政策来提升使用自行车的比例。

  还有一些文献专门就自行车作为换乘工具进行了研究,这里我强调一点,就是通往地铁的公交便利度越高,对使用自行车的效果就会有好的一面,目前国际研究争论中有部分学者认为是对的,但是我通过北京的数据发现,凡是地铁站附近公交比较便利的地方,自行车的使用比例反而更少一些,公交和自行车存在一定替代效应。

  我的这个研究想对当前研究领域进行梳理,我的研究创新点主要是两个方面:第一个是现在自行车的使用一般强调的是直接到达目的地,自行车作为换乘工具到达地铁站的研究还相对较少;第二个是对自行车专用道以及公共自行车的影响因素考虑的比较少。我回答了四个学术性问题,这些问题仍然还是空间和行为的关系问题:第一个是空间对自行车的影响;第二个是自行车专用道的影响;第三个是公共自行车对于自行车的影响,具体来讲,如果在地铁站周边政府花了钱去修公共自行车道和停车场所,是否能够促进附近的居民骑自行车到达地铁站?学者要帮政府来回答这样一个问题;第四个是其他因素的影响,如果其他因素很重要,可能当前以侧重物质形态的规划理念就要革新。

  第二个内容是本研究的方法。目前北京停放自行车的场地可能是821个站基本停放自行车是21 000多辆,另外有一些是摆在地铁站附近的,有一些是没有摆在地铁站附近的,我们比对了三十多个地铁站,做了一些调查和研究,对地铁站附近建成环境做了一些测量。最重要的一部分是我们收集了两类数据，一类数据是我准备在会上汇报的，但是没有汇报的是对出行路径、时空数据的收集，原来是准备使用大数据去观察，但是发现大数据覆盖的使用自行车比例的人比较少，后来我们只能通过 GPS 最原始的方法去收集，数据有误差，目前正在处理，这个今天我就不汇报了。另外就是我们做了问卷，今天汇报的是问卷的内容，主要的观察变量就是选择使用自行车往返地铁站可能受到什么因素的影响，这些影响因素主要包括建成环境要素，另外还有其他因素，比方说家庭的收入，还有个人喜好因素，再有就是个人的环保意识是否对自行车有影响。这个是我们对整个地铁站的一个统计和测量，这里不再展开，对地铁站有在地图上测量的，有用 GIS 测量的，也有让学生去实地调查的，尤其是地铁站周边的办公写字楼规划和就业规模，虽然我们去做调研的时候遇到了不少困难，但是总比用容积率来估算要准确。

第三个内容是本研究的发现。 首先，建成环境对于自行车有显著影响。地铁站周边商场的个数越多，骑自行车到达地铁站的可能性就会较高一些。还有，公园越多，公共敞开空间和绿色空间比率要高，居民选择骑自行车去地铁站的几率更高，这也说明了，在做 TOD 开发的时候，应该做立体、垂直开发，在二维平面上，要留够一些公开空间，提升自行车骑车环境，从而能提高骑自行车的比例。另外，我们有一个重要的发现，在北京，同其他因素相比，增设自行车专用道对于鼓励居民使用自行车的影响不大，原因可能是因为各个地铁站周边的均质性相当高，非机动车道数已经比较高了，新建自行车道对于提升使用自行车的比例作用有限。相反，如果是增加一些绿化环境，则地铁站周边居民使用自行车的比例会明显增加。研究还发现，如果地铁站周边配有公共自行车租赁点，则周边居民使用自行车前往地铁站的几率更高。根据这个，我们提出一个比较有意思的建议，因为北京市政府要在未来的几年新增五千辆自行车，增加四十到五十个这样的公共自行车点。他们觉得应该放在小区或就业地集中区域，但是我建议还是放在地铁站周边，这样效果可能会更好一些。

另外我们还做了社会经济分异性分析，选择自行车去地铁站的社会差异性有多大？是怎么样的？我们发现基本上男同志骑车去地铁站的几率要高于女同志；年龄上，年轻人骑车去地铁站的几率要高于老年人；还有一个是高收入者选择骑自行车去地铁站的几率要高于低收入者。

另外，我们发现自行车相对于其他交通方式的"竞争范围"，这个对 TOD 规划具有重要意义。我们研究发现，地铁站周边的自行车使用有一个竞争距离范围，低于这个范围，居民倾向于选择步行到达地铁站，而高于这个距离，居民选择公交作为换乘工具达到地铁站。我们还发现，在中国，对于自行车这种换乘工具到地铁站最佳的竞争距离是 2 公里。这也就是说，基于自行车＋地铁这种复合出行模式，最佳空间尺度是 2 公里范围。

第四个内容是结论和政策建议。 首先，上面的研究发现，对于建成环境，我们考虑多个方面，例如密度、就业率等，但结果表明，土地利用的商住混合度是最重要的一个影响因素，这个跟当前的研究结论"职住混合度最重要"还是不一致。第二个是在做 TOD 规划时，高建筑覆盖率还是高绿地率更能促进自行车的使用？我们建议是满足一定开发总规模的前提下，尽量降低建筑覆盖率，提高垂直开发水平，留出一定的绿色公园来比较好一些。第三个是，仅仅靠修建自行车专用道来提高自行车使用，仍存在一定争论。从我这个研究来看，不一定投更多的钱修自行车道的效果好，相反如果在地铁站周边设立公共自行车更好。第四个是，应该注意到，公共交通离地铁站越方便人们越不愿意选择自行车，提高地铁站周边的公共交通服务，有可能会降低自行车出行比例，公交和自行车具有显著的替代作用。第五个是，行为教育应该作为规划的补充。我们研究发现，个人喜好对于自行车选择模式具有重要意义，通过出行行为教育，尤其是对社会的自行车文化教育，有助于提高自行车出行。

另外，关于未来空间与出行研究，我觉得大数据有大数据的好处，小数据也有小数据的好处，大数据方法不能替代小数据方法，小数据的信息深度要超过大数据，可以用来解释背后的深层次原因。空间与出行可以从不同的角度，进行不同的理论解释，我们今天这个会议侧重空间行为理论，但是，环境心理学、社会心理学、制度学的理论以及效用理论等均可以用来解释居民的出行。也就是说，不管是大数据还是小数据，作为理论研究，除了描述现象、反映过程，更重要的是解释机制和揭示规律，自行车出行的背后原因是什么，大数据可能有它的限制性。这也就是大数据和小数据需要配合的原因。在我这篇论文中，我在确定影响自行车出行的因素之后，用心理学、时空行为理论和效用理论来解释影响自行车作为地铁换乘工具的机制。这个是我的大概汇报，时间比较短，有什么感兴趣的问题继续交流，谢谢。

疏解北京：大都市人口与产业协同转移的时空模拟

薛 领

（北京大学政府管理学院）

大家好！今天大家看到很多学者给了我们许多动态的图像，都是绚丽多姿的东西，非常吸引人。但是我的研究比较小众和另类，报告题目是"疏解北京：大都市人口与产业协同转移的时空模拟"，想以这个话题和大家分享我对地理时空行为理论与方法的体会和认识。霍金就说："I think the next century will be the century of complexity"（我认为下个世纪将是一个复杂性的世纪）。确实如此。实际上，大约在过去的二三十年间，人文地理学的研究逐渐由以往相对静态的范式向一种动态演化的范式转变，甚至尝试应用现代系统科学的理论和方法来探究城市和区域问题及其时空演化的内在规律，自组织理论、系统演化理论等被认为能够帮助人们更好地理解地理时空的行为规律。尤其是最近十几年比较热闹的复杂性科学（Sciences of Complexity），被认为是现代系统科学的前沿和综合集成。复杂性（Complexity）体现在什么地方呢？比如一个系统它的开放性，它的非线性，个体之间的相互作用以及这些个体能够互相适应、互相学习，能够不断调整自己的策略等，强调动态、非均衡、非线性、微观个体的行为与适应，等等。地理学对时空复杂性有自己的理解，比如时间地理学，一直在关注这类课题，又比如演化经济地理学强调社会经济主体时空行为过程的创新、适应、选择、技术关联、路径依赖、动态非均衡。经济学对此也有自己的认识，比如新经济地理学则强调时空过程中的集聚、外部规模经济、溢出效应、市场容量、运输成本，以及冰山交易技术等，近年来的"新"新经济地理学则进一步讨论企业异质性导致的空间结构的过程和机理。应该说，新经济地理学模型中的动态集聚机制主要是由市场接近效应、市场拥挤效应和生活成本效应决定的，而异质性的引入使得"新"新经济地理学还存在微观主体的空间选择效应和分类效应等，使我们进一步认识到了不同生产效率的企业的空间选择过程和机制等。原来，不是什么企业都涌向集聚的。

然而，长期以来地理学和经济学两大独立的阵营之间缺乏必要的联系。在地理学家看来，经济学家通过假定同质空间忽略了空间的作用，给人的印象是生产和消费活动都发生在针尖上。而在经济学家看来，地理学家考虑异质空间，却缺乏严谨的理论分析框架。但是现实中,区位选择和决策是一个社会如何管理自己的稀缺资源所不得不面临的基本问题,因而如何解释经济活动的空间分布一直是经济学、地理学面临的基本课题。要解决这一问题,我认为就需要地理学与经济学的融合发展,这也是我长期关注的领域。一方面,我们需要地理学的动态时空以及综合思维的基本理念;另一方面,我们需要经济学的成果,但我们需要超越经济学均衡范式。我们能不能找到这样的途径?答案是有的。近年来,经济学领域有一个新的分支和比较汹涌澎湃的浪潮就是计算经济学和演化经济学,特别是 Agent-Based Computational Economics,就是基于 Agent 的计算经济学,它是演化经济学还有时空行为以及计算机科学一个跨学科的综合,他们关注的是直接去模拟微观个体(agent)的时空行为,比如说企业,比如说居民甚至地方政府和其他一些组织他们的相互作用,来看空间或者是时间或者时空的整体的结构和演变。因此,我以为,我们应该建立基于个体行为与决策的地理时空计算实验方法,结合空间经济学展开微观建模(结合经济学展开理论探索能够在很大程度上避免规则制定的随意性),直接模拟大规模社会经济 agent 的非线性相互作用,观察和研究地理时空动态的、宏观的涌现性(emergence),从而发现规律,创新知识,解决问题。也就是说,超越传统地理学缺乏严谨的理论分析框架的不足,同时超越经济学静态和均衡的分析范式,迈向动态非均衡。于经济学家而言,这样的研究方法就是永远在去往均衡的路上。因为,这个世界的本源就是动态非均衡(non-equilibrium dynamics)的过程。下面我以北京为案例,看看如何整合和突破。

  各位都知道现在的北京是一个非常热门的话题。北京中心城区的人口密度是比较高的,以往城市蔓延非常的厉害,"摊大饼"的现象。然后有学者认为北京不够大,北京可以承载三千万人等,但所有的功能都集中在了所谓的"小北京",也就是中心城区。这个是早高峰、晚高峰的情况。Big city, big problem,城市病非常严重,其实我在广东已经待了一个礼拜的,躲过了这次北京雾霾的红色警戒。京津冀协同发展,特别是非首都功能疏解,国家高度重视。习总书记在去年二月在北京开了一个会议,发表了一个重要讲话,就是"2.26 讲话"。实际上,无论是习总书记的讲话,还是今年的 4 月 30 号的《京津冀协调发展规划纲要》,以及最近刚出台的北京市"十三五"规划,都非常非常强调一个关键词:疏解。怎么疏解?我们知道,疏解可能有市场的机制,有行政的手段,还有法律的手段,是个复杂而重大的课题。这里我只想跟大家分享,如何建模,来讨论市场的手段,看它能起到多大的作用。其实,疏解可以是全世界,某种意义上讲可以全世界疏解,但是有一个一定空间的概念。所以我们想探讨到底什么因素在疏解过程中起作用,引导了人们的时空行为和决策。我要跟各位分享的是我们怎么建模还有我们的初步模拟结果和政策含义。首先,我们得理解城市。城市是一个大家生活和工作的地方。为什么大家来到城市?因为城市可以提供工作机会。因此,城市等于生产活动在空间上的临近,而这种空间上的临近能够产生集聚经济,比如金钱外部性、技术外部性等。这是企业区位选择在城市的集聚力。同时,城市又是家,因为城市能够为人们提供更好的生活品质。这种道路、医疗、福利、保障、健康等各式各样的公共服务也只有高密度的城市才能提供,包括各种互动和外溢效应。这种集聚又源于集聚带来的多样化(Diversity),基于消费的多样化偏好,这个非常重要。这是人们选择居住在城市的集聚力。Diversity,就是说城市最终给我们带来的是多样化,也就是说大都市越大,这个多样化越强,也就更具有吸引力,所以我们在里面强调正的方面,给我们带来消费的好处是多样化。所以,生产的区位决定了消费的区位,消费的区位反过来又促进了生产的区位,这些都是内生的。然而,过于集聚也带来的空气污染、交通拥堵、房价高企、环境恶化,甚至治安问题等,这就是集聚不经济,是过度集聚带来的城市负的外部效应,是一种分散力。广州的空气很好,甚至我也在想搬到广州来算了,这是一个空间自主选择的过程。空间的自组织形成了一个都市空间的结构。由于都市的环境的变化,比如说交通、人口、基础设施的投入以及公共政策等,改变了原有的集聚力和分散力,于是新的空间结构开始逐渐生成,这里面有一个重要的反馈过程和相互牵制。因为,越来越多的企业和居民越来越集聚的同时,分散力同时在加强,可能导致长期的演化结果是另一番情形,所以它是一个不断持续的动态非均衡。

我们用的是 Agent-Based model(图 3-15)。这种自下而上的建模策略是复杂适应系统理论(Complex Adaptive System)与分布式人工智能(Distributed Artificial Intelligence)技术的结合,目前已经成为继面向对象方法之后出现的又一种进行复杂空间系统分析与模拟的重要手段。我们直接模拟微观个体(agent),一个一个的消费者、居民。居民 agent 可以自由流动,企业 agent 也可以自由流动,只要有利润就可以投资,也说明资本要素可以自由流动。政府是背后一个看得见的手,我在政府管理学院,所以考虑更多的是公共政策。政策怎么样去引导市场起作用,让看得见的手起作用,所以我们建立了一个空间经济学的模型。假设有两个城市,一个代表北京,一个代表其他某个城市。两城市有差异性(异质区域),由区域替代弹性表达。两个城市都有一定数量的企业和居民。每个企业生产一个差异化的产品(垄断竞争市场),产品之间的差异性由产品替代弹性决定,价格为 P。企业生产由固定成本和边际成本决定,生产具有规模经济。两城市居民有收入(预算约束),既要消费本地产品又要消费外地产品。两城市内部有交通(贸易)成本,两城市之间也有交通(贸易)成本。对于居民 agent 而言,每个居民 agent 都有工资收入,模型外生给定,以考察城市间不同收入水平对人口迁移的影响。居民 agent 的刚性支出包括住房成本、通勤成本和污染成本,剩余金额用于消费本地和外地产品。随着城市人口数量增加,需求规模扩大,吸引更多企业投资。随着城市人口数量增加,城市的土地价格、通勤费用和环境费用将增加,用于其他产品的实际消费将减少。居民 agent 可支配收入的减少,购买力不足,将导致企业投资数量的下降。也就是说,分散的力量在加强。大家可以看到,不同于经济学的均衡分析,这里体现了一个集聚力和分散力不断争斗持续演化的动态非均衡过程的内生机制。另外,两城市居民 agent 的效用函数设定为两层 CES 函数。根据效用函数可见,产品多样化和差异化程度越高,消费效用越强。最后,居民 agent 依据两城市的效用水平做出迁移决策。根据效用最大化原则,两城市居民 agent 的产品消费需求量分别由工资收入(扣除房屋、通勤和污染成本的可支配收入)、各自的城市内、外部交通(区域内部和区域间贸易成本)、产品种类数(多样化)、价格指数以及产品替代弹性等决定。对于企业 agent 而言,成本函数包括固定成本和边际成本两部分。企业 agent 利润取决于不同城市的消费需求减去生产成本。企业 agent 依据城市利润率进行投资,有正利润则有新企业进入。如果一个城市的某个企业 agent 的利润率为负,则退出市场。需要指出的是,基于垄断竞争市场,一个城市的企业数量越多,意味着这个地方的产品多样化程度越高。

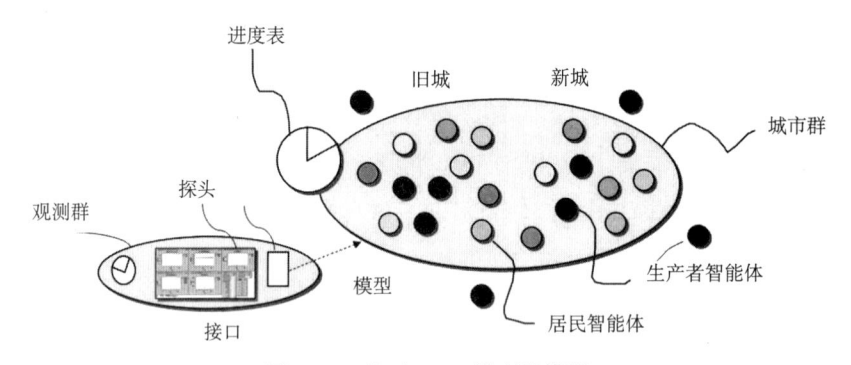

图 3-15　基于 agent 模型及模拟

我们借助美国 SFI 的 Swarm 开发疏解动态分析的地理计算实验平台。这个标准的 GNU 软件模拟平台包括多个可重用的类以支持计算机模拟实验的进程控制、参数调整、数据分析以及图形显示。我们设置了一系列情景展开分析和讨论。

情景 1 是现实情形,但该情景假定为封闭系统,没有京津冀以外地区人口迁入。R1 为北京(1000 个居民 agent,收入 50),R2 为周边中等城市(200 个居民 agent,收入 30),该城市基础设施投资和公共服务投资远不如北京,设固定成本是北京的 5 倍,且边际成本也略高。模拟结果表明,城市人口向北京(大都市)持续迁移,直至最终消失,形成单城市结构,呈现"黑洞效应"。

情景 2 为换个大城市如何？这时 R1 为北京(1000 个居民 agent,收入 50),R2 为北京周边城市,大了很多(500 个居民 agent,收入 30),其他设置和 R1 相同。模拟结果表明,情况依旧,城市人口向北京(大都市)持续迁移,企业也持续投资北京,大都市人口无法实现疏解。

情景 3 仍然是大城市，但城市居民收入较高。R1 为北京（1000 个居民 agent，收入 100），R2 为北京周边某城（500 个居民 agent，收入 90）。模拟结果表明，短期空间格局显著改变，但最终仍未实现有效疏解。原因之一在于外围城市基础设施与公共设施投资不足。

情景 4 可以观察到初始值的敏感性。此时仍然设置周边城市是大城市，但初始企业数量少于情景 3，其他设置相同。模拟结果可以观察到明显的初值敏感性，时空演化路径与情景 6 差异显著，不过短期结果都不能有效疏解。

情景 5 周边是大城市，假设城市居民收入与北京相当。模拟结果表明，短期空间格局显著改变，人口外迁明显。但长期看，最终仍未实现人口有效疏解，需要其他条件。

情景 6 同样是大城市，这里设置收入水平与情景 1 相同，但城市自身发展得到显著改善。该城市基础设施和公共服务投资显著改善，设固定成本仅为北京的 2 倍，边际成本相同，都为 1，且城市内部交通（贸易）系数甚至低于北京，设置为 1，即贸易成本更低。模拟结果表明，实现人口疏解，城市吸引力显著提高，人口与产业协同转移，形成新的反磁力（集聚）中心。

情景 7 为开放系统，设置与情景 1 完全一致，但允许劳动力从外地不断迁移到京津冀地区。这样，模拟结果表明小城市人口向北京（大都市）持续迁移，人口无法疏解，但小城市不会消失，而是在一定时期内形成相对稳定的核心—边缘结构（图 3-16）。

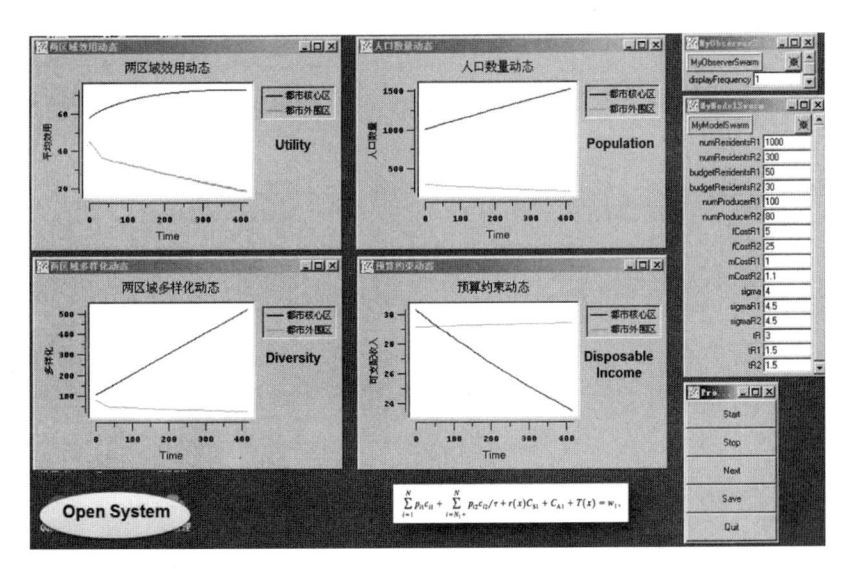

图 3-16　开放系统下的模拟状况

最后，我想简要总结一下研究的几个初步的结论：一是 Size matters a lot（规模很重要），也就是说，除天津外，北京周边城市规模太小，则北京自身大都市集聚效应显著，难以实现人口疏解。二是 Demand remains important(需求仍然重要)，河北地区的城市普遍收入低，消费需求不足，因此投资不足，以致缺乏多样化，吸引力不够，无法实现人口疏解。三是 Fixed cost and transport cost help a lot(固定成本和交通成本发挥很大作用)，加大京津冀城市基础设施、公共服务投资和降低交通与贸易成本，加快一体化，有助于疏解人口，转移产业。四是 Policy package is needed(一揽子政策有必要)，人口疏解需要一揽子解决方案，也就是政策组合，单一政策难以奏效。五是 Openness is a different thing(开放性很难)，设置京津冀区域是个开放系统则另当别论，需要以后设计实验观察。六是 Spatial evolution is path dependence(空间评估存在路径依赖)，对变量初始设置高度敏感，存在明显的路径依赖。七是 Reality is much more complex(现实世界更为复杂)，还需要多学科综合，毕竟"它山之石，可以攻玉"。总之，这里还想强调一下，计算实验的结果表明，京津冀区域中心城市数量和规模不足。我们呼唤，京津冀的"苏锡常"在哪里呢？京津冀地区需要更多人口规模大、收入水平高、基础设施好、公共服务好、交通通达、贸易便捷、一体化程度高的区域中心城市，否则难以实现人口与产业的协同转移。然而，由于初值敏感，存在路径依赖，甚至锁定(locked-in)，人口疏解任重道远。

总之，多城市、多区域地理时空行为的复杂性，需要我们展开计算实验，研究不同情景下的长期动态演化规律。昨天我们只研究一张张静态的照片，今天我们有能力研究一段段动态的视频，地理学在时间维度上的创新前景广阔。谢谢大家！

领域理论及其视角下的在华外国人族裔聚居区空间生产

刘云刚

(中山大学地理科学与规划学院)

非常高兴今天在中大见到这么多新朋旧友,也非常荣幸在这里分享我的一些思考。今天讲的题目是我过去几年的研究总结,过去发表的论文都是零散的调查研究,现在思考怎么把它们用理论话语连接起来。上一次第十次空间行为与规划研究会上讲了社会地图,这次对在华外国人族裔聚居区的研究做一个理论归纳。因为时间的关系,我可能会讲得简略一些。

为什么要讲这个话题?就是因为现在社会流动性越来越强。传统社会是一个属地社会,流动性和属地管理有天然的矛盾,资源是属地的但人却是流动的,如何克服人员的流动性和属地性的矛盾?有两个地理学的理论可以参考:一个是拉采尔的"生存空间论",第二个就是美国地理学家萨克提出的人类领域性理论。我觉得进一步解释人群与人群之间的空间划分逻辑,可以用通俗的中文"地盘"一词来说明。地盘可以是自己的家乡或者第二家乡、第三家乡,这个也是和我们提到的生活空间的概念一脉相承的。每个人都想找一个固定的场所作为属地,这个属地即地盘的争夺过程称之为领域化,就是你怎样去占领、固化和进一步排斥其他的新来者。过去三十年的城市化过程,即可以理解为流动性逐渐增强的社会背景下,大家在重新争夺空间的权属,确立领地,也就是领域化、去领域化和再领域化的过程(图3-17)。这个框架可以作为一个思路来理解我们现在的流动人口和空间资源的相互关系。

我们发现在广州,有很多流动人口在争夺属于他们自己的生存空间,还有外国人,现在越来越多地融入广州,也展开了这样的领域争夺行为。还有本土居民开始守卫或者抵抗外来势力的干扰,产生了很多土地的纠纷、上访问题。政府也一直采用这样的领域思维进行社会管理(图3-18),如用户籍、单位、农村的土地关系来界定,使得人口的流动性和权属得到相应的管理。再往前我们还有一系列的制度进行领域管理,比如里甲制、保甲制等,这个我就不多说了,这些都是利用空间的区划来分配属地的资源。单位制到社区制的改革,现在来看总体是失败的,原因就是没有遵从领域管治的政治原理。不同主体有不同的领域争夺行为,包括国家、市场、社会,比如:国家通过各种区划行为划分行政区、规划区、开发区等;市场

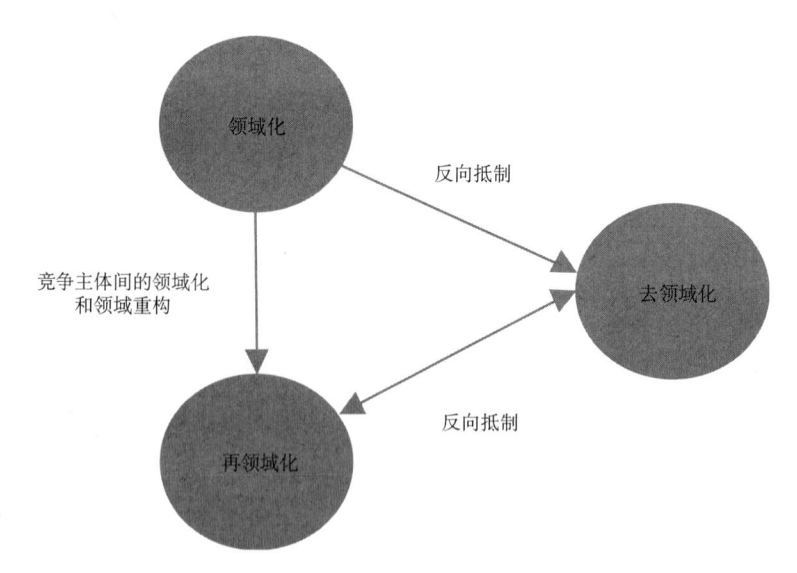

图 3-17 地盘争夺:领域化框架

通过商业区、工厂厂区、单位等构筑各自的领域;社会也在显示出强烈的反作用功能,其中特别典型的就是外来移民的领域政治。

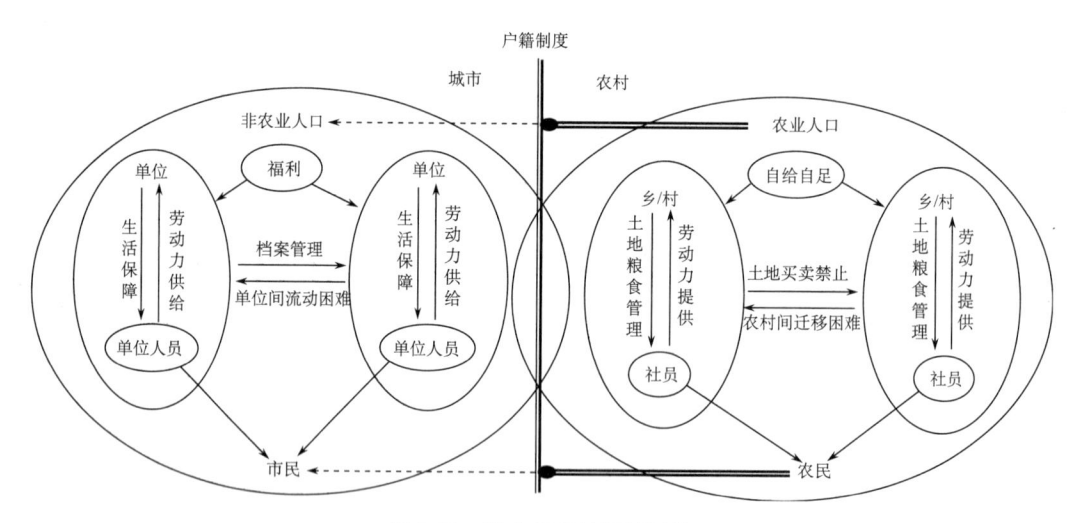

图 3-18 社会管理的领域思维

外来人口在一个不属于自己的城市要把它变成家乡、属地。我在广州已经感觉到越来越多的外国人进入我们的生活空间,我们国家现在都是交给地方政府应对,地方政府的应对又是不同的,这个应对缺乏一个总体的制度框架和通盘的考虑。我们需要考虑,现在外来人口越来越多,对我们的挑战是什么?比如说现在的广州天河北,我们叫它族裔 CBD,会不会

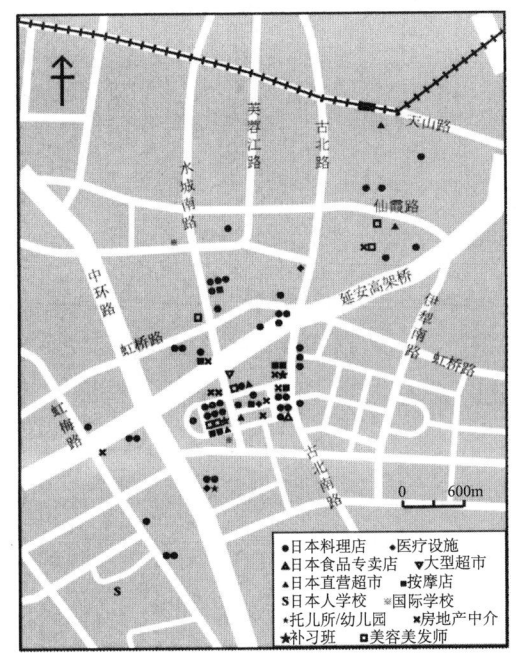

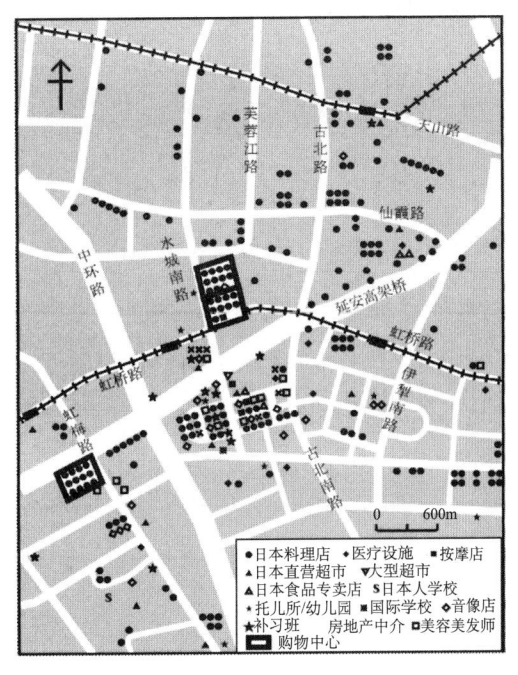

图 3-19 古北地区日本族裔经济设施的增长（左 2002 年，右 2012 年）

形成新的"租界区"，会不会形成族裔经济区、聚居区？我们在规划管制上如何去应对？在中国的城市化过程中，我们如何去考虑移民和国际化以及空间生产的关系？以前讲到国际化更多是经济的国际化，没想到这么多外国人来这里，移民和本土的居民在领域争夺的时候，我们如何去规制、引导，等等。

从 2007 年开始我有幸得到国家和省的各类基金资助，探讨外国人为什么要移民到中国。我自己有一个预期，就是觉得这些人终究会定居下来。现在我们的移民定义如中国六普的定义，在华居住或工作超过三个月的外籍人员，非游客的全都定义为移民（外籍人士）。从 1949 年到现在六十多年，总体来说对于外国人的准入政策是逐渐在开放的，现在在华人数最多的是韩国人，其次是美国人、日本人。对于韩国人来讲，因为在华有朝鲜族，这是非常特殊的一面。广州的韩国人数量增长非常快。过去是北京，现在是广州。现在广州有四个韩国人的集聚区，分别在远景路、天河北、番禺的华南大盘、新港西路。我们调查的是远景路，为什么会形成现在的集聚的状况，他们是如何扎根的？关于这个调查我有一篇文章在《地理研究》上刚刚发表，现在不多说了。他们已经在这里建立了自己的族裔经济体系，有很多商业设施，形成了一个经济体系，他们围绕这个体系形成了分工严密的社会网络，这个网络一方面是基于身份的认同，另一方面是基于他们商贸的活动，这个和我过去调查的日本人有所不同。韩国人以广州为基础，逐渐形成一个聚集区，我理解为是领域逐渐形成的过程。

具体说就是首先是资本的入侵，然后形成族裔经济区，逐渐社会网络覆盖进而形成族裔生活区，这个生活区开始排斥当地的居民，他们用自己的语言、习惯，然后当地的居民就搬走，随后就慢慢形成一个典型的聚居区。在北京的望京我们也开展了类似的研究，这个论文刚刚在今年发表。我们探讨了每一个韩国企业的区位形成机制，访谈了十几家业主，发现了一些规律。

还有在上海的日本人聚居区的形成过程，大家可以看看图3-19左边是2002年的，右边是2012年的，10年间日本人族裔经济社区增长了数倍。这里有两个倾向：一个是族裔聚居区逐渐趋向分散，但是族裔经济区日益集中。就是说大家住是分散住的，活动的时候一起活动，形成一个集聚消费空间；第二个是族裔经济区一开始是由中国人经营的，现在逐渐替换成日本人了。在广州，我们调查了主要三个族裔经济区。广州的移民主要是投资带动型的移民，从八十年代开始族裔服务设施开始形成，形成了天河北的族裔聚居区，这个规模非常大，我称为族裔CBD，对于广州的经济影响非常之大，企业也非常集中。因为广州我们有地缘优势，所以调查得比较细致。

在此基础上，我们归纳了族裔聚居区的两种类型，一个是传统族裔聚居区，另一个是新型族裔聚居区。新型族裔聚居区就是九十年代之后，形成的不是单一的族裔聚居，而是多个族裔混合的聚居区。首先是经济主导的、资本渗透的，然后叠加社会网络，再叠加互联网。互联网加强了本地移民和母国的网络联系，利用这些网络形成了空间生产。但是并不封闭，相对是比较开放和牢固的。这些移民聚居区的形成首先是中国这些年移民政策的一个投影，如果没有这样的政策，相信不会在特定的地方形成，所以政策的影响非常地大。

同时，这些聚居区的形成不是单纯的国家操作，是领域政治的结果。现实政策，虽然宽松但是还有变动，长期居留的外籍人士会有限制，第二个是族裔经济开始形成，拓展领域，在这个之上是社会网络的建构，这两个方面是有顺序的。我们最近整理了相关外国人的政策规定，现在已经发表。

最后我想说能不能根据这些研究我们重新梳理一下关于领域的理论，比如说怎么去划分领域，怎么管理，怎么去管治领域争夺行为，如何去经营生活空间，等等。这是我们后面继续要做的工作。以上是我的一些初步想法和粗浅的总结，希望得到各位同仁的批评和指正。

谢谢！

特邀评议

李九全:可以说规划赶不上变化,本来这个时间我们应该在餐厅里面一起吃着饭讨论学术问题,然而我们坚守在这样一个学术交流的空间里。我感到非常荣幸,机会是等来的,如果你坚持就有机会,你可以坚持聆听,或者坚持才有点评的机会。今天的会议前两场都是大数据,这一场可以说是我们地理学最核心的东西。从传统的集中到疏解的问题,这是城市地理研究中最为经典的问题。可能在我们这样一个国家里面,我们学会了集中,但我们很少去学会疏解,刚才我们北大的教授给我们讲了如何去疏解,在我们中国疏解如何进行,柴老师也说了 30 年会发生很多的变化,改革开放 30 年是我们的一个集聚的过程,我们是不是总结透彻了?我们总结的过程是不是没有想到疏解、怎么去疏解?中国这样一个城市化的发展,如果解决了疏解的问题了,我想我们的城市生活空间才会更加美好。早上我跟同济大学的杨教授在讨论,过去我们都在讲城市让生活更美好,但是现在只有交通专家才能让城市更美好。接下来我想谈下地理学的社会转向的问题,从中国人文地理学 2002 年提出了地理学的社会转向以来,地理学更加关注到社会领域的一些问题,刚才我们的一位教授谈到了社会化生产,这是一个具有前沿性的问题,生产端和消费端没有边界了,融合了,这样一个新型的命题我们如何去研究?给我们一个很好的启发。我相信在人文地理学领域会有更多的学者去关注。刘云刚教授谈了一个非常热点的问题,在中国走向国际化、一体化的发展过程当中,外国人在中国居住的一个社会空间是如何产生的,他居住一个空间,投资一个空间,生活一个空间,他的地盘我们地理学如何去关注,也给了我们很多的启示。所以我相信最后的这一场是最精彩的,因为它是最有社会或者人文地理学意义的。谢谢大家。

徐红罡:谢谢大会给我一个机会做点评。我想诸位很多人跟我一样,主要是做人文的,我是做定性的。我来参加大会的原因有两个方面,一个是今天的报告尤其是最后一场我们能够感觉到流动性对我们社会的一个激烈冲击,包括移民、大尺度空间的变化,还有时空上面的流动,还有小尺度的日常空间的流动,这个流动已经很深地冲击到我们。我是做旅游的,特别可以感觉到。第二个是很多人现在在讲大数据,做定性的人会感到很慌,不知道怎么办,想理解一下大数据怎么和定性研究相结合。最后的一节给我很多启发,我觉得作为一手数据,还有定性的、小样本的数据其实可以跟大数据结合,会有更多产出。我们在看到分析大数据的时候是客观的行为,但在这个过程中间,我们需要了解哪些行为是被动的,是在现在的环境下人们不得不采取的行为,而哪些行为是主动的,比如倡导自行车的行为,这个怎么让我们来发挥主动性呢?这可能就需要一些一手的、定性的数据才能够理解。另外我觉得定性研究还可以做一个贡献,就是人们在流动的过程中,他们主观的感受是什么?我想现在的城市需要改变,这种改变应该发挥更多的能动性,为什么需要改变?哪些方面可以得到帮助?这个可能是我们作为定性研究、人文地理可以做的方面,所以我也很希望,我们以后更多的将定性研究和做大数据的结合起来,更好地理解社会、特别是促使社会的改变,而不是被动的接受,谢谢。

周素红:刚刚各位的报告都非常精彩,呼应了前面我做文献梳理的时候提到的:在时空行为研究的核心主题、核心领域中,有几个维度是值得关注的,一个是流动性、公平性和分异性。这是来自传统的城市地理和社会地理等领域中的一些主题。刚刚的几个研究报告都属于这样的主题,怎样从公平正义和政策制定的视角探讨城市问题。刚才刘云刚老师从政治地理学的视角去看新的流动性背景下,传统固化的、通过行政区划来分配政治资源给我们流动性分配带来新的地盘和领域等。这些从理论上给我们提供了很好的思路。薛领老师和赵鹏军老师分别是从政策动态、时空模拟和案例研究等方面,进一步回应了怎么样更好地进行研究落地,给我们非常好的启发。今天下午的会议很好地把前面几个的主题回归到我们核心的领域,做一些理论性的探讨、总结和提升,并把理论的问题落地。我总结就到这里,谢谢大家。

第四部分
时空间行为与规划

  城市规划是时空行为研究的重要应用领域之一,本部分报告者紧扣当前城市研究和城市规划中的热点问题,分析介绍了基于设计问题的城市情绪地图、老年人退休移民流动与幸福感、出租车数据的处理以及建成环境、交通出行与健康的关系等,为时空行为研究与规划拓宽了视角。

基于社交媒体的城市情绪地图及其初步应用

李 栋

（北京清华同衡城市规划设计研究院有限公司）

"大数据"时代里，海量的社交数据蕴含了非常丰富的信息资源。我们当前开展的分析只利用了其中很少的一部分，主要是时间、经纬度和发布的文字内容等。从数据特征出发，此类新型数据的分析方法可大致分为四类：考察静态分布，如热力图分析；考察动态分布，如轨迹事件分析、OD事件分析；考察语义内容，如舆情分析；考察关联关系，如社交关系分析。我今天重点介绍的是第三类基于语义内容研究的最新进展。

曾经有新闻报道，人们日常沟通中70%的部分是通过语气表达出来的，只有30%的部分是内容本身，可看出语气、情绪是交流过程中非常重要的一部分。心理学界的Ekman曾经定义了高兴、惊讶等六种经典的情绪，后来Plutchik将其发展到8种，并区分了每种情绪的强弱，为后人提供了一种经典的情感类型理论基础。

从文本分析的角度，我们广义更严谨地去定义情感到底是什么，一般而言情感是观点的一部分。而观点的基本构成是一个五元组（Quintuple）：第一是要有对象实体；第二是什么方面；第三是所表达的情绪、情感，是正面或者是负面；第四个是感知者；第五个就是时间。一般这几个要素齐备才可以完整地表达观点。所以我们看现有的文本分析挖掘研究，做的最多的是亚马逊的评论、酒店的评论分析等，因为在这些场景当中这几个要素都是具备的。但这对于以短文本为主的社交媒体分析来说比较困难。所以目前初步做的只是情绪的分析，还不能做到比较完整的观点挖掘。

接下来介绍一下公众意见（public opinion）的概念，既指大家集体的观点。从历史脉络的角度来看，公众意见常常是伴随社会进步，特别是城市化的进程而发展的。公众意见需要恰当的传播媒介。过去当你需要了解某种公众观点时就需要和大家去交谈、去访问。但现在我们有自动化的渠道，比如说微博，我们可以在微博上自动批量获取大家在讨论的内容。这方面的应用很多，例如基于社交数据的美国选举支持率分析，在西方已经成为某种成熟的商业模式。再比如金融市场与情绪指数的分析等。刚才举的例子，其空间粒度都是比较"粗"的，所以在这里我提出来的是城市尺度的一种公众意见地图——城市情绪地图，具有相对精细的时间和空间信息，主要关注正、负面情绪在城市内部的时空分布及形成与作用机制。

我们研究的语料数据来自微博,在获取到的微博数据里面包含经纬度信息、时间信息和表达的文本内容。对这些信息进行处理,采取自然语言处理工具(Natural Language Processing)自动提取和分析其涵义。首先通过分词我们能够知道内容中每个词的属性,有动词,有名词等;进一步再分析它的情绪,我们任意输入一段中文进去后,可以通过输出知道是偏向乐观还是悲观。虽然目前对短文本来说,机器的解读可能还有一定偏差,但在这方面专业软件所提供的工具也在不断完善。

以中关村为例,在相同的物理空间下,"大学"这一名词的分布和"购物"这一个动词的分布是不一样的。可以看出,在相同的物理空间内,不同的人对城市的感知、分布是不一样的。

对一个月内北京中心城区十几万条微博判断其情绪后,一方面可以进行可视化展示,另一方面这个结论的准确性如何我们没办法直接验证,因此我尝试用北京三月份每个小时的PM2.5数据和情绪数据,去分析它们有没有一定的关联。从每天平均值来看,除了元宵节以外,污染值高的时候,整体情绪就比较低。所以从整个城市的情绪来看,对于大家都特别反感的事情,相关性还是比较明显的(图4-1、图4-2)。

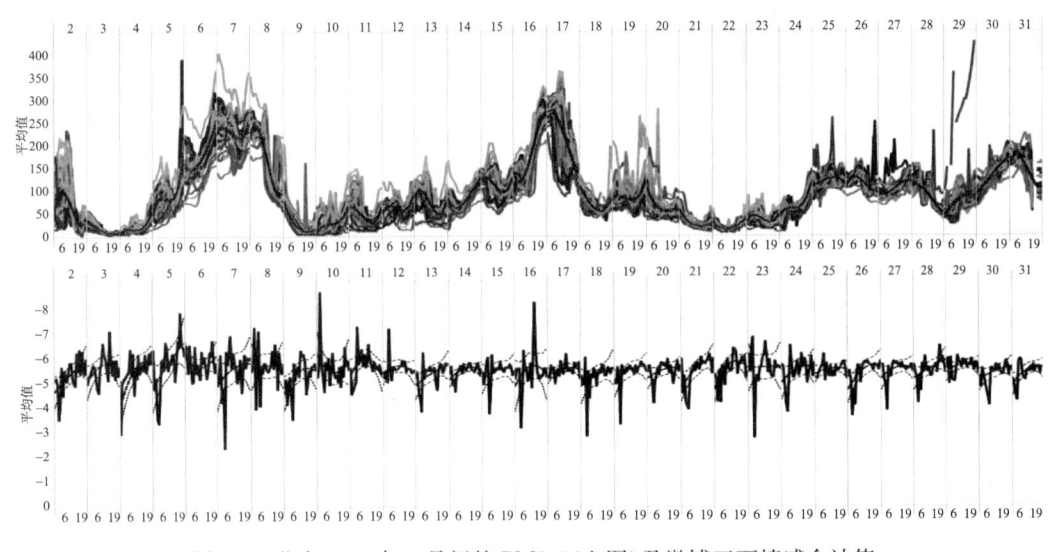

图4-1　北京2015年3月间的PM2.5(上图)及微博正面情感合计值

另一个例子中,我们采集了武夷山景区范围内十一黄金周期间的微博。这个例子中我把数据分为本地人和外地人两组。首先看移动轨迹,其实本地人和外地人活动的差别是挺大的,外地人一般跑得比较远,表现为更多的移动,而本地人主要聚集在一个相对固定的地区(图4-3)。如果看情绪变动的话以"十一"当天为分割,基本上随着时间的推移,情绪是往上升的,这是整体情况。但如果分本地人和外地人,"十一"之前一直很平,随着假期来临不断

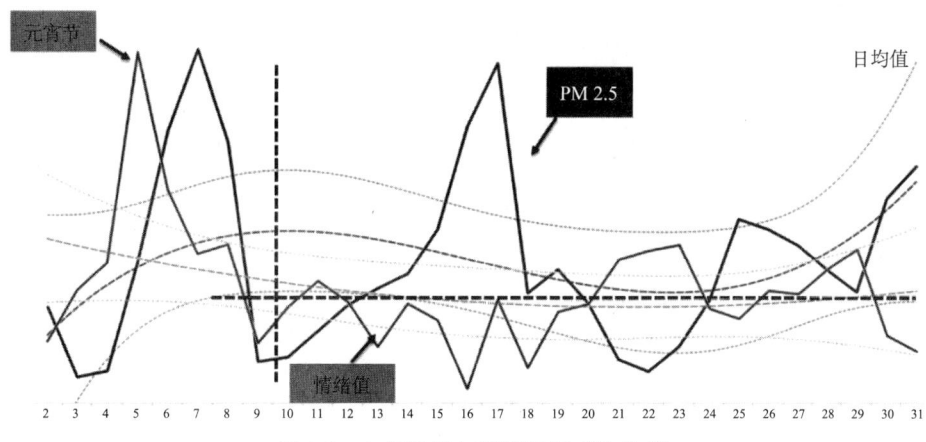

图 4-2 空气质量与情绪地图对比分析

提升，然后外地人慢慢走了就减少了。本地人很有意思，可以明显地看到过节前情绪逐步上升，随着黄金周到来本地人情绪开始下降，再随着外地人的离开本地人的情绪又升回来了。还可以按小时来统计精细的变化等。作为热点旅游区，本地人对外地人大量涌入的集体反感，节前、节后一对比还是比较明显的（图 4-4）。

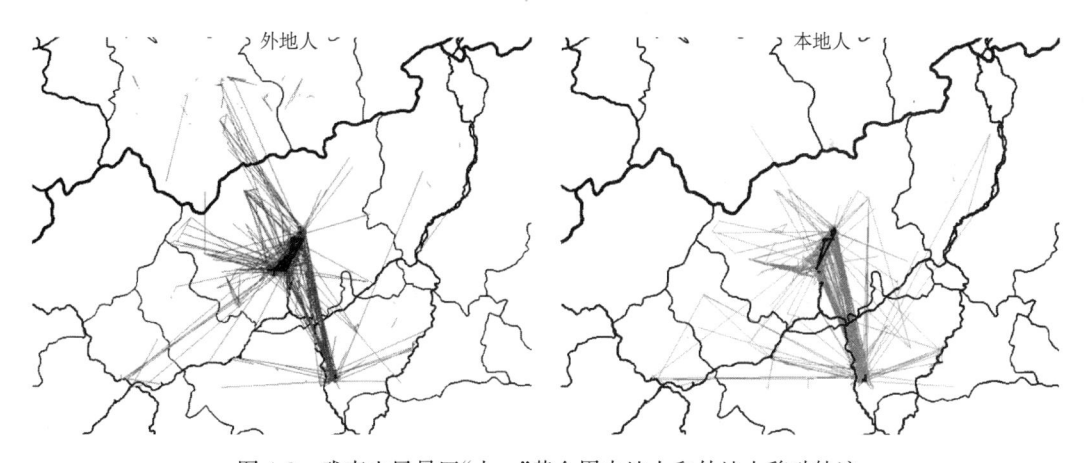

图 4-3 武夷山风景区"十一"黄金周本地人和外地人移动轨迹

在空间分布上，情绪水平可以算总量也可以算比重，总量的话人去的多总量也多，比重就不一定了，有些地方可能人去得少，但是人的评价比较好，通过这种方式可以发现一些更加具有吸引力的潜力景点。

我们想找到某种指标去刻画空间上的差异，我尝试着引入了一种情绪的局部高点计算方法和指标，这个指标可作为正面情绪指数。研究结果发现，特别高的情绪的点都分布在城市的外围,城区里面都只是一般高兴,指标结果具有显著的空间特征格局。我们有很多有待实验的想法,目前只是完成基本的刻画和分布,后面想要分析哪些因素特别是城市空间和功能如何影响情绪的分布。

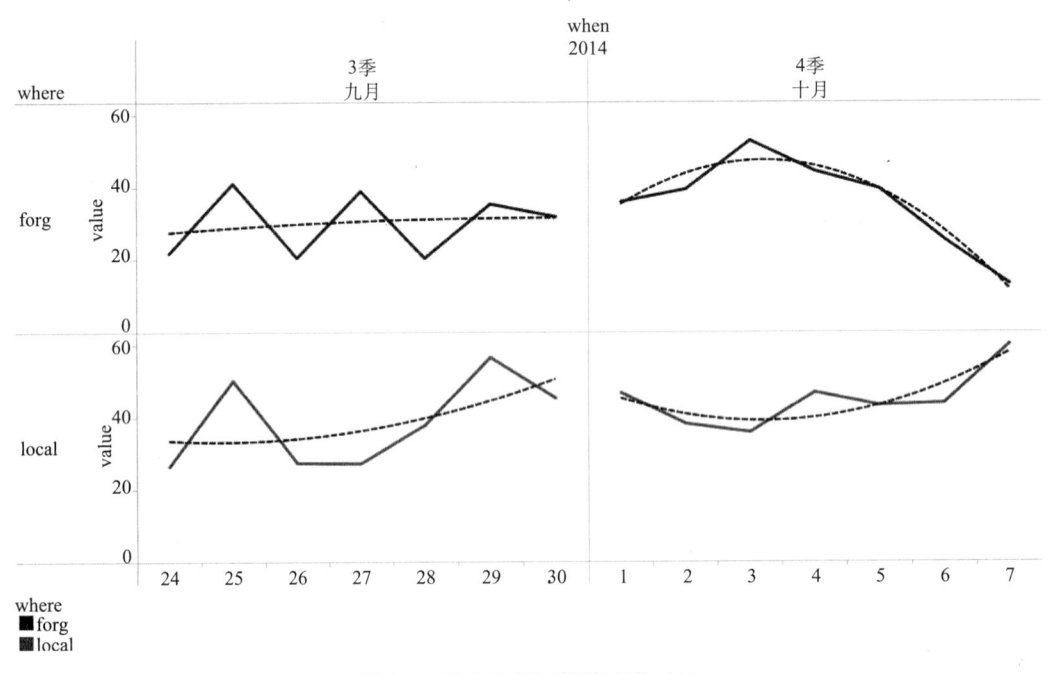

图 4-4 武夷山景区情绪变化对比

总结一下,目前基于微博这类社交媒体的情绪的分析有一些能做到的事、也有一些做不到的。城市的时间空间环境是非常复杂的,瞬时的情绪也不一定和周围物理环境直接相关。所以对观点和环境两者的测度都很复杂,我们下一步计划要剥离和简化并探讨这种关系。每一条微博的情绪可能很难验证,但是从整体和集体层面来看,城市情绪地图这种方法的效果还不错,让我们可以了解到一些集体情绪变化的特点。当然,微观情绪特别是情绪背后的驱动因素还需要进一步研究。

三亚老年退休移民的流动与幸福感研究

徐红罡　寇力容

（中山大学旅游学院）

我国已步入转型社会和老年社会，但是目前针对我国老年群体的研究比较少。和以往老年人不同，我国老年群体的整体流动在现时代表现出新特点。当前老年人的流动规模和频次远超以往，跨越巨大的时间和空间尺度。中国老年人的流动呈现多种类型：老年人的日常流动，除通勤以外主要是老年人的日常休闲活动；老年人的永久迁居；老年人的季节性流动，目前观察到有从高原趋向平原的季节性流动，有从北方趋向南方的季节性流动。这些和西方近二三十年出现的现象类似，但也具备中国独特性。

目前对于季节性老年人的流动研究主要集中于西方发达国家，已经得出以下重要结论：一般来说西方老年人的流动是自由的流动，为了追求自身的幸福健康而开展流动，并通过流动实现积极养老。同时西方社会对老年人的流动提供了一定的保障。但是这些是否适合我国情境，我国尚未开展相应研究。所以我们的研究问题涉及三个方面：中国老年人的季节性迁移流动呈现什么特征？迁移流动过程中的幸福感体验具备什么特征？季节性流动和幸福感之间存在什么关系？

理论背景来源于两个方面：一个方面是流动。流动性转向，新流动性范式提出，流动成为现代生活的重要特征，我们的日常生活被逐渐增多的流动打破，研究视角也从静态的观点转变为流动的观点，学者的关注视角从基于地方向关注流动转移，学者不再仅关注既定的固定场所，而关注流动，关注流动过程对地方的改变和塑造。另一个方面来自幸福感研究。目前幸福感主要来自三个对象：日常活动、旅游活动、永久移民，主要探讨这些流动形式与幸福感之间的关系，但是，对季节性移民与幸福感的研究比较少，季节性移民和其他三类不同，呈现出有规律的时空节奏性，移民到了一个新的地方开始学习适应、逐渐走向适应、到离开、再到重新开始新一轮适应。季节性流动和旅游活动也不同，旅游活动每天适应新的体验，但季节性流动总是在一个节奏感中进行，然而相关研究比较少。

对于流动与幸福感的研究：第一，在中国文化的情境下，流动已经和过去有所不同，比如从个人的生命历程来看，中国老年人经历了巨大变化，从原来安土重迁到落叶归根，再后来受单位制度影响，总之处于很稳定、缺少流动的环境里，而现在进入快速流动的社会。中、西方老年人的幸福感体验也有所不同，比如西方追求个人的流动自由，而中国更偏向家人团聚带来的幸福感。第二，中国社会进入流动性社会和西方是不一样的，未富先老，流动先于社会体制，所以我们发现异地医疗等机制尚未建立，户口尚存在限制等。我们很多社区和城市，其实才刚刚适应流动的劳动力，对于新型老年人流动和消费性流动尚缺少考虑。本次研究是定性研究，为了理解老年人季节性往返流动是否具有规律性和节奏感，在流动过程中老年人如何克服紧张感和培养熟悉感。

以三亚为案例，根据不完全统计，三亚目前有60万当地人，25万"候鸟"人群，许多"候鸟"人群在三亚购买或租用第二居所。20世纪90年代末，海南岛房产泡沫危机，房价低，吸引第二居所投资；2000年以来，大众旅游、度假旅游发展，口碑效应，东北"候鸟"逐渐增多；2009年国际旅游岛建立，房价飞涨，但吸引更多"候鸟"慕名而来；2000—2009年，机关事业单位"候鸟"居多，2009年后，各行业居民逐渐增加。我们一共进行了24天的实地调研，主要采用观察法和访谈法收集数据，访谈老年退休移民、政府工作人员和协会管理者。对于流动的界定主要分为活动、社会交往和流动情境三个维度。在众多关于幸福感的研究中，我们借鉴了幸福主义和享乐主义两大观点，但是我们认为幸福感体验体现了社会文化建构的过程，我们更关注研究对象自身感受到的幸福感体验、个体在流动过程中的情感体验，通过总结和分析访谈内容，我们研究的"候鸟"老人幸福感包括五个方面：身体健康感知、心理和情感健康、积极社会关系、延续性和归属感以及自我发展。我们将通过这个框架探索流动感和幸福感的关系。

我们发现，"候鸟"人群多数面临健康困境，在子女支持和媒体宣传下选择流动，在一定程度上他们的流动并非主动选择、积极追求幸福感的生活方式，而更趋向于社会文化环境建构的结果。这些"候鸟"老人在三亚购买或租用第二居所，主要来自北方，特别是东北地区的城市机关单位退休人员，他们相对年轻，且经济、教育情况良好。

从时空流动规律来看，"候鸟"人群的时空流动是季节性流动和日常流动的叠加。季节性流动主要是10月迁至三亚，4、5月迁回北方，而"候鸟"人群的日常流动主要体现为各式各样的户外休闲活动。

通过调研一手数据，我们总结了流动与幸福感体验之间的关系：在活动方面，刚到三亚他们大多面临远离故土、与子孙分离、疾病、孤单等困扰，随着在三亚逗留时间增长，他们开始适应转变，增加日常流动，尽管在三亚经历了一些困难，但通过这些流动，逐渐建立幸福感，实现身心健康、自我发展。另外，他们在三亚主动开展北方特色的活动，以获得延续性和归属感；他们还学习新的休闲活动，在此过程中，获得心理和精神的愉快，充实老年生活，实现自我发展和自豪感。

在社会交往方面，流动削弱了原有的社会关系。在流动背景下，"候鸟"老人刚到三亚感知到的社会交往陌生、不固定、不安全,而后通过老乡、异地养老协会、相同兴趣圈子等重新建立熟悉和信任感。随着时间推移,他们的社会交往呈现出更加灵活、多元和可延展性,他们与家乡的社会交往主要通过社交网络联系,他们的不同社会网络之间也逐渐增加互动和联系。

从流动情境来看,"候鸟"刚迁至三亚时面对异文化环境,与三亚当地分隔。随着在三亚的生活,逐渐增加和当地互动,组织了多种活动,增加与当地交流,参与当地服务,变迁当地文化。并且"候鸟"群体内部也形成了积极养老的氛围,提供内部支持,促进了其身体健康、积极的心理情感和社会关系。

我国"候鸟"群体的流动和西方存在差异。我国老年人的季节性流动不是积极主动的流动,而是在家庭、社会尚未准备好的情况下步入老龄化社会,老年人需要自己担负起保持健康和养老的责任,社会的舆论导向也进一步将其推向三亚。"候鸟"老人因而面临很多困难,从熟悉的环境到陌生的环境,从稳定生活到流动生活方式,如何更好地管理流动的"候鸟"人群?流动后,他们真的幸福吗?流动既带来了风险,也带来了机会,流动后他们有更多社会活动选择、更灵活的交往圈、更多元的文化互动。通过积极开展日常活动,建立社会关系,增加与迁入地互动,弥合季节性流动过程中产生的分隔与风险,增强幸福感。

季节性流动和日常流动、永久性流动不同。与居民日常流动不同,季节性流动并非完全熟悉、组织有序的日常生活模式;与永久移民不同,季节性流动并非逐渐稳步适应、走向熟悉的模式。"候鸟"人群的季节性流动与日常流动相交织,季节性流动使日常流动更具灵活性和可能性,季节性流动与幸福感体验是一个渐进式积累、节奏性适应的过程,在发展演进中探寻有序组织方式,在冲突紧张中寻求张力和平衡。

出租车 GPS 数据处理及其应用

胡 明 星

（东南大学建筑学院）

大家好，对于规划来说，常用到的定位大数据主要包括手机信令数据、公交 IC 卡刷卡数据、出租车 GPS 数据、POI 点数据、社交网络签到数据（Twitter、Flicker、Facebook、Panorama、微博数据）。这些大数据分析出来的高大上成果的背后是比较辛苦的数据处理技术，特别是对于不会编程的同学难度很大。这些空间位置数据是一种文本文件，有着一般通用的技术处理路线和方法。由于出租车 GPS 数据存在误差，在进行地图匹配和数据分析前，需要对出租车的 GPS 数据进行处理。数据处理工作主要包括出租车原始 GPS 数据的存储、建立 GPS 数据的属性数据库、基于 T_SQL 的数据清洗、过滤和筛选工作，通过数据处理过程，剔除错误和无效数据，提高原始数据的质量。在剔除不合格数据后，进行地图投影变换，使得出租车的 GPS 数据与 GIS 地图数据和遥感影像数据具有相同的投影坐标系统，将多源的数据整合到一致的空间坐标下。经过处理后的出租车 GPS 数据匹配到城市道路网上去，进行相关的处理和分析，包括出租车的出行轨迹分析和出租车起终点识别，使用 SQL Server /ArcGIS 处理（图 4-5）。

具体而言可分以下几个部分：原始数据输入、建立出租车 GPS 数据的属性数据库；出租车的 GPS 数据清洗。出租车 GPS 原始数据是 txt 文件；应用 SQL Server 建立 NJTAXGPS 数据库；用 T_SQL 语句剔除以下错误数据：①经纬度越界。本次研究范围是南京市主城区范围，通过使用 google earth 软件查询，此范围的经纬度坐标范围是北纬 $31°30'\sim32°30'$，东经 $118°00'\sim119°00'$，因此不在该地理坐标范围内的数据应予以删除。②车辆静止。车辆静止是指经纬度和时间数据无变化。如果某辆出租车静止，该出租车返回的 GPS 经纬度数据显示位置坐标没有变化或变化很小，车辆瞬时速度持续为 0，则这类数据无法运用，必须对无变化的数据删除。在 SQL Server 数据库中，由于瞬时速度(GPS Speed)持续为 0，通过计算这辆出租车的 GPS Speed 总和，如为 0，说明这辆车一直静止，可以删除。③全天空驶和载客。对于出租车长时间空车运行是无乘客出行，出租车数据载客状态全天显示为 0，即 PassengerState 是 0，此类数据对于分析出租车乘客的出行行为无意义，需要进行删除。通过计算这辆出租车的 Passenger State 总和，如为 0，说明这辆车载客状态全天是 0。④载客状态错误显示。出租车载客状态只有 0（表示出租车空驶）和 1（表示出租车载客）两种显示，由于天气原因（雨、雪等）或者机器本身故障原因，导致出现 0 和 1 以外载客状态的错误显示，即 PassengerState 的值不是 0、1 的要删除。⑤出租车的行驶方向值错误。出租车行驶方向在 0～360°之间，由于天气原因（雨、雪等）或者机器本身故障原因，导致出现 GPS Direction 方向的值大于 360°要删除。将以上数据清洗处理后，2010/09/01 的出租车原始 GPS 数据由 18668073 行减少到 16504771 行，清洗了 2163302 行错误的记录，约占总数的 11.588%；同时，出租车由原来的 7648 辆减少到 6688 辆，减少了 960 辆出租车。

以 LandSat8 影像数据 WGS_1984_UTM_Zone_50N 的投影为基准，对出租车的 GPS 数据和南京市相关的城市道路、用地数据进行投影变换，统一到相同的坐标系。

数据描述	技术手段	
出租车GPS原始数据	1 SQL Server 输入模块的功能，将出租车的GPS原始数据入库	数据输入
属性数据库	2 运用T_SQL语言对出租车GPS数据进行清洗和处理，提取示例数据乘客出行的上车点、下车点。	数据清洗 坐标转换 地图匹配
乘客出行上车点、下车点数据		
空间分布特征	3 基于ArcGIS处理获得不同时间出行点的空间分布特征	数据识别
出租车的出行轨迹图	4 运用FME生成出租车的出行轨迹图	数据可视化

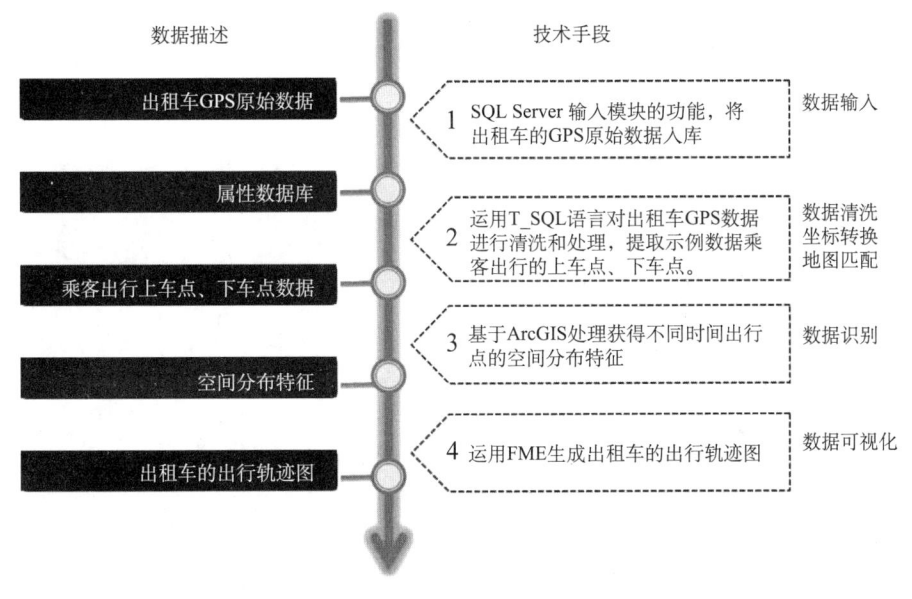

图 4-5　研究框架

出租车 GPS 数据只有经纬度坐标，生成的地理坐标不能直接与路网和用地等城市数据关联。出租车 GPS 数据采集时采用的是 WGS_84 地理坐标系，LandSat8 影像数据是采用 WGS_1984_UTM_Zone_50N，而南京市城市路网和用地等相关数据采用的则是地方独立坐标系，因此需要将不同坐标系的数据转换到相同的坐标系中，这样才能使出租车 GPS 数据定位点准确地显示在城市路网电子地图和城市影像数据上。由于 LandSat8 影像数据采用 WGS_1984_UTM_Zone_50N 平面坐标系，与出租车 GPS 数据采用相同的 WGS_84 地理坐标系，区别是出租车的 GPS 数据是地理坐标，而 LandSat8 影像数据经过 UTM 投影的平面坐标。由于 GPS 直接转地方独立坐标系，没有参照点的数据，所以，以影像坐标系作为参照,将有关数据匹配到影像数据 WGS_1984_UTM_Zone_50N。

由于数字地图的误差、坐标转换误差和 GPS 定位误差,使得叠加后出租车 GPS 轨迹点很可能并不在相应的行驶道路上,因此就需要进行地图匹配。地图匹配是将出租车 GPS 轨迹数据通过某种算法匹配到 GIS 矢量电子地图的路网数据上,使得在电子地图上能直观地显示出租车的运动轨迹,便于进行交通分析。通过将出租车运动轨迹点与 GIS 路网数据进行匹配,匹配结果存储在相应的 ArcGIS 的 shape file 文件中。

从出租车的 GPS 轨迹数据中识别乘客出行点,获得乘客上车或下车时间和地理位置,可以得出居民出行活动的时空分布规律和特点,应用于居民出行空间分布和出行目的分析(图 4-6、图 4-7)。居民出行频率和密度较大的区域,是居民出行的热点区域,这些区域居民出行活动具有某种相似度,通过对乘客上车或下车点进行聚类分析,得到居民出行的热点区域。结合出租车运营时间,可以计算出居民乘坐出租车出行的主要时间段和出行距离。

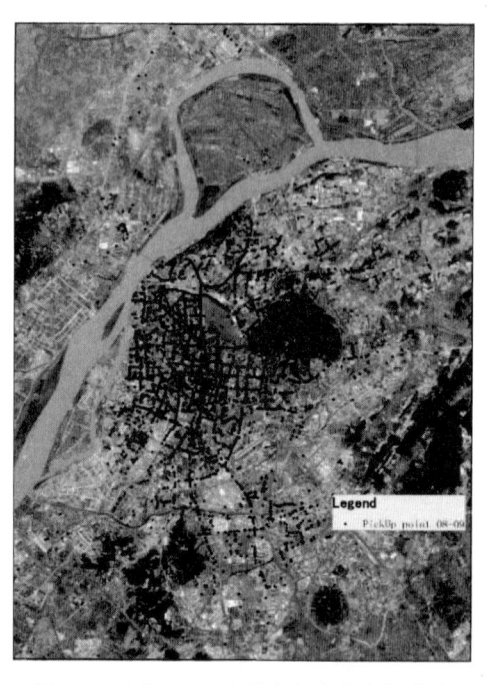

图 4-6 上午 8~9 点乘客上车点空间分布　　图 4-7 下午 6~7 点乘客上车点空间分布

经过数据清洗、坐标转换和地图匹配处理后的 GPS 数据质量得到很大程度的改善和提高,反映出租车运行轨迹也更精确。每辆出租车每天近两千多条记录,南京市 2010 年有七千多辆出租车,每天可获得千万条出租车轨迹点数据。从数据处理的角度来看,一辆出租车的轨迹数据可以由表示 GPS 采样点的集合、二维地图上的直线段和关键地点(乘

客的上车点和下车点)所构成。出租车的轨迹数据可视化,涉及到由属性数据生成空间位置点要素,由空间位置点要素连成线,生成线要素,在此基础上再叠加上乘客的上车点和下车点,对出租车运行轨迹中的不同乘客状态进行可视化。上述出租车的可视化处理,常用的 ArcGIS 软件平台难以实现,通过 FME(Feature Manipulate Engine)软件的不同函数组合处理完成。

谢谢大家。

建成环境、交通出行与健康
——基于中国个体 BMI 的实证研究

孙斌栋　阎　宏　张婷麟

（华东师范大学城市与区域科学学院）

今天我讲的是关于 BMI 的实证研究。肥胖（超重）问题在中国越来越严重。我国 2012 年，成人超重率为 30％，肥胖率为 12％（国家卫生和计划生育委员会），并且增长速度快。肥胖是许多慢性疾病的诱因，严重威胁人类的身体健康。我国超重比例远低于美国，但高血压患病率为 30％，与美国相仿。影响肥胖的因素有两个，一个是基因，一个是能量摄入与消耗的平衡，后者与建成环境有关。但从建成环境角度研究我国 BMI 或超重的几乎没有，这是我们这个研究的初衷。

已有文献主要是针对美国的研究，通常的研究思路是：建成环境通过改变交通出行方式如减少驾车而增加体力活动，从而降低 BMI 和肥胖风险。城市建成环境因素包括密度、土地混合度、设计、饮食环境、安全和可步行性等，居民个体的社会经济特征也会对健康造成影响。美国城市发展模式、经济发展阶段、人口身体特质、文化观念与中国有显著差异，美国结论不能直接应用于中国。而且绝大多数已有研究，只注重建成环境通过出行方式影响肥胖，而忽略了建成环境通过其他途径如出行距离产生的影响；采用外生简约模型不能准确估计这其中的复杂因果关系；方法上，同处于一个社区的个体之间的聚类相关问题，没有很好地考虑和解决。我们的研究希望能够在这些方面弥补以往文献中的不足。基于中国跨城市的个体抽样数据，我们对建成环境、出行行为与 BMI 之间关系展开实证分析。提出的假设是：建成环境不仅通过影响出行方式影响体力消耗，而且还通过其他途径影响体力消耗。将运用结构方程来分析其中因果关系；考虑到个体聚类内部相关性问题，采用聚类稳健标准误，取得更加有效和可靠的结果。

我们的数据来源于中国家庭追踪调查，2010 年和 2012 年数据，样本涵盖除港澳台、新疆、青海、内蒙古、宁夏、海南之外的 25 个省级单位，这 25 个省级行政单位人口约占全国 95％，因此，样本具有全国代表性。包含了个人、家庭信息和居（村）委社区的建成环境数据。

研究的方法采用结构方程模型探讨建成环境、出行、超重之间的关系（图 4-8）。由于个体体重受个人态度影响，为缓解自选择，模型中加入收入和每日锻炼时间等控制变量。根据被调查者的身高体重计算身体质量指数(BMI),依据国家标准,将 BMI≥24 kg/m² 定义为超重(包括肥胖在内)。

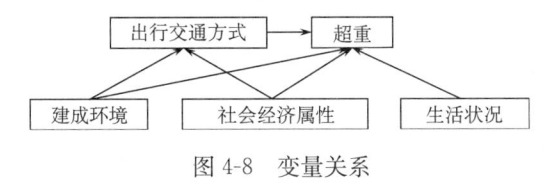

图 4-8 变量关系

通勤方式按照消耗体力大小分为四类:一是出租车、私家车;二是助动车、摩托车、农用机械车;三是公共汽车、地铁、单位班车;四是步行、自行车。前两个对体力消耗是最少的,步行与自行车是我们提倡的健康出行方式(表 4-2)。表 4-1 是居民的社会经济特征。

表 4-1 居民社会经济特征

变量	样本数量	均值	标准差	中值	最小值	最大值
是否超重(超重=1)	15356	0.34	0.47	0.00	0.00	1.00
年龄	15356	48.78	14.69	48.00	18.00	93.00
性别(男性=1)	15356	0.49	0.50	0.00	0.00	1.00
婚姻状况(已婚=1)	15356	0.87	0.34	1.00	0.00	1.00
工作状况(工作=1)	15356	0.56	0.50	1.00	0.00	1.00
ln 家庭人均收入(万元)	15356	−0.31	1.28	−0.08	−9.90	5.02
肉类食品摄入(是=1)	15356	0.85	0.35	1.00	0.00	1.00
垃圾食品摄入(是=1)	15111	0.31	0.46	0.00	0.00	1.00
ln 静态活动时间(小时)	15111	1.06	0.54	1.10	0.00	2.71
ln 锻炼活动时间(小时)	15111	0.44	0.33	0.69	0.00	1.79
ln 通勤时间(小时)	15111	0.49	0.32	0.69	0.00	1.79
高频率外出就餐(一周几次及以上=1)	15111	0.05	0.22	0.00	0.00	1.00
ln 睡眠时间(小时)	15111	2.07	0.18	2.08	1.39	2.48
ln 吃饭时间(小时)	15111	0.26	0.51	0.00	−2.30	1.79

表 4-2 不同体力消耗等级的通勤方式所占比重

体力消耗等级	出行方式	样本数量	比重(%)
低	私家车 出租车	1211	7.89
较低	摩托车 助动车 农用机械车	5384	35.06
较高	地铁 公共汽车 单位班车	4120	26.83
高	自行车 步行	4641	30.22
总计		15356	100.00

我们用四个模型进行分析。第一个模型是外生变量模型,模型 2 允许通勤方式作用于 BMI,模型 3 在模型 2 基础上加入通勤时间、静态活动时间、锻炼运动时间、睡眠时间、吃饭时间、外出就餐变量,模型 4 采用 cluster 标准误差。

我们来看结论,跟美国非常不一样,我们发现中国社区人口密度越高,超重可能性越大。同样,土地混合度也会增加超重的可能性(表 4-3、表 4-4)。密度与土地混合度对 BMI 正影响的原因可能有很多,跟收入、教育学习、饮食环境等相关。密度高的地方房价高,居民通常是高收入阶层,跟收入相关的食品摄入习惯也会产生影响。我们控制了收入,还用人均家庭净资产来替代收入,结论都不变,密度符号和显著度不受影响。控制了垃圾食品和肉食品摄入频率,也都不影响密度作用。收入与人力资本即教育水平有关,教育水平高的人在家里看书学习机会多,所以活动少,就更容易超重。为此我们又控制了静态活动时间,因为静态活动时间越长是越有可能超重的,这个变量本身是正显著,符合预期,但密度结论依然不变。密度高的地方可能生活工作压力大,生活节奏快,导致睡眠少、吃饭快,这些都有医学证据表明会导致超重,所以又控制了睡眠时间和吃饭时间,结果符合预期,睡眠和吃饭时间越短,越容易超重。密度高的地区通常饮食设施齐全,人们更容易外出就餐而超重,为此我们又控制了外出就餐频率。密度高地区还很可能因为拥挤而锻炼机会少,因此又控制了锻炼时间变量。这些控制变量加入后都不会影响密度的显著度和符号。

表 4-3 结构方程模型结果(人口密度,个体机动＝1)

	模型1		模型2		模型3		模型4	
	交通方式(个机=1)	BMI(超重=1)	交通方式(个机=1)	BMI(超重=1)	交通方式(个机=1)	BMI(超重=1)	交通方式(个机=1)	BMI(超重=1)
ln人口密度	-0.0141***	0.0083***	-0.0141***	0.0090***	-0.0147***	0.0079***	-0.0147***	0.0079***
ln距最近公交站距离	0.0082***	-0.0069***	0.0082***	-0.0074***	0.0082***	-0.0061***	0.0082*	-0.0061**
乡村(是=1)	0.0531***	-0.0673***	0.0531***	-0.0704***	0.0507***	-0.0583***	0.0507**	-0.0583***
年龄	-0.0088***	0.0012***	-0.0088***	0.0016***	-0.0088***	0.0018***	-0.0088***	0.0018***
年龄二次项	-0.0001***	-0.0002***	-0.0001***	-0.0002***	-0.0001***	-0.0002***	-0.0001***	-0.0002***
性别(男=1)	0.1906***	0.0460***	0.1906***	0.0370***	0.1933***	0.0283***	0.1933***	0.0283***
婚姻(结婚=1)	0.1307***	0.0335***	0.1307***	0.0274***	0.1309***	0.0297***	0.1309***	0.0297***
就业(工作=1)	0.0595***	-0.0128	0.0595***	-0.0156*	0.0581***	-0.0121	0.0581***	-0.0121
ln家庭人均收入	0.0116***	0.0119***	0.0116***	0.0115***	0.0114***	0.0080***	0.0114**	0.0080**
垃圾食品摄入(是=1)		0.0413***		0.0396***		0.0396***		0.0396***
肉类食品摄入(是=1)		0.0052		-0.0006		-0.0061		-0.0061
ln静态活动时间						0.0486***		0.0486***
ln通勤时间						-0.0459**		-0.0459**
ln锻炼运动时间						0.0252		0.0252
外出就餐						0.0428**		0.0428***
ln睡眠时间						-0.0398*		-0.0398*
ln吃饭时间						-0.0129		-0.0129
交通方式(个机=1)				0.0489***		0.0446***		0.0446***
常数	0.5945***	0.3103***	0.5945***	0.2876***	0.5957***	0.3224***	0.5957***	0.3224***
样本量	15356		15356		15111		15111	

表 4-4　结构方程模型结果(土地利用混合度,个体机动=1)

	模型1		模型2		模型3		模型4	
	交通方式(个机=1)	BMI(超重=1)	交通方式(个机=1)	BMI(超重=1)	交通方式(个机=1)	BMI(超重=1)	交通方式(个机=1)	BMI(超重=1)
ln土地利用混合度	-0.0093***	0.0068***	-0.0093***	0.0072***	-0.0098***	0.0064***	-0.0098***	0.0064**
ln距最近公交站距离	0.0088***	-0.0071***	0.0088***	-0.0075***	0.0088***	-0.0062***	0.0088*	-0.0062**
乡村(是=1)	0.0604***	-0.0700***	0.0604***	-0.0734***	0.0581***	-0.0606***	0.0581***	-0.0606***
年龄	-0.0088***	0.0012***	-0.0088***	0.0016***	-0.0088***	0.0018***	-0.0088***	0.0018***
年龄二次项	-0.0001***	-0.0002***	-0.0001***	-0.0002***	-0.0001***	-0.0002***	-0.0001***	-0.0002***
性别(男=1)	0.1905***	0.0460***	0.1905***	0.0372***	0.1932***	0.0284***	0.1932***	0.0284***
婚姻(结婚=1)	0.1313***	0.0332***	0.1313***	0.0273**	0.1315***	0.0297**	0.1315***	0.0297***
就业(工作=1)	0.0601***	-0.0129	0.0601***	-0.0157**	0.0587***	-0.0121	0.0587***	-0.0121
ln家庭人均收入	0.0106***	0.0123***	0.0106***	0.0120***	0.0104***	0.0084***	0.0104**	0.0084***
垃圾食品摄入(是=1)		0.0411***		0.0394***		0.0394***		0.0394***
肉类食品摄入(是=1)		0.0056		-0.0000		-0.0057		-0.0057
ln静态活动时间						0.0493***		0.0493***
ln通勤时间						-0.0460**		-0.0460**
ln锻炼运动时间						0.0255		0.0255
外出就餐						0.0444**		0.0444***
ln睡眠时间						-0.0410*		-0.0410*
ln吃饭时间						-0.0130*		-0.0130
交通方式(个机=1)				0.0476***		0.0434***		0.0434***
常数	0.5561***	0.3404***	0.5561***	0.3202***	0.5546***	0.3528***	0.5546***	0.3528***
样本量	15356		15356		15111		15111	

较高人口密度和设施混合度会使总体活动距离较少,体力消耗变少,这个是另一个可能的原因。我们加入通勤时间,发现符合预期,通勤时间(距离)越长,超重可能性越低。不过,总体活动距离由于数据不可得,无法验证。

我简单地归纳一下,人口密度和土地混合度不仅通过影响出行方式影响BMI,也会通过其他途径影响BMI。与美国不同,中国社区人口密度与土地混合度与超重或BMI正相关,可能与较高人口密度和设施混合度使生活压力变大、外出就餐频率增加、出行活动距离更少等有关;与公交站距离越远,超重风险越低,同样显示了出行距离对于超重的作用机制。我国社区密度相对更高,收入相对更低,降低了建成环境对出行方式影响的作用。两种相反作用中,导致超重作用占了上风,因而总体效果是人口密度与土地混合度与超重或BMI正相关。一个很重要的启示,政府制定的政策要考虑国情,要根据我们中国自己情况制定健康政策。

特邀评议

薛领：我对这些领域都很感兴趣，今天早上从8点钟听到现在，有几个方面跟大家分享。第一点，今天上午的几个研究给我的深刻感受就是非常扎实，无论从数据的获取、技术手段、研究方法等方面都非常扎实。情绪地图等议题让我耳目一新，还可以搞出个地图来是非常有意思的，还有养老、肥胖的内容等。第二点，随着社会经济的发展，我感觉我们在地理时空的研究领域也开始强调生活品质的内容，因为我也在关注这方面的内容。我今天上午吃早餐的时候跟同行聊到，城市和区域跟生产之间的关系是密切相关的，我们现在更多考虑的消费，不是基本的生存消费，而是幸福感提升的消费，城市生活中体验的消费。在研究方面发生了很大的变化，这个跟社会发展密切相关。我们国家现在更重视物理、化学、数学等方面，研究比较多，而美国则是在健康、生活等方面。我们对比清华、北大和哈佛的学科的发展结构，会发现各方面差别是很大的，我们社会发展的阶段不同，关注的研究问题也会不同。第三点，我感觉地理学关注的不仅仅是在规划方面，可能在社会层面的辨识和公众政策上还有非常大的潜力。我提个不足之处，今天的研究在描述、比较、分类的过程中，背后所折射出的社会问题是什么？公共政策是什么？我认为这背后有很多公共政策尚未跟上。我相信这方面的研究有广阔的天空，各位学者、同学都可以在这方面奋勇前进，毕竟我们社会需要这样的研究，我们的技术和数据已经不是问题，未来可以进一步发展。谢谢各位。

杨家文：孙老师的演讲非常有意思，基础工作很扎实，拥有很好的数据，使用的方法非常严谨，希望明年或者后年可以看到更多精彩的成果出来。其实谈起建筑环境和个人健康的话题，在座各位都有发言权，刚才关教授也在说出了一本专刊，主题就是健康环境和公共健康，里面有非常多的内容，我个人也做了一些类似的研究，在美国的杂志上发过几篇文章。我发现每次我介绍类似这方面的研究工作总是有点提心吊胆的，怕把人得罪了，因为我长得瘦，还谈论肥胖，肯定是把肥胖当作病态了。我其实是非常想增加我的BMI，但是没有办法。研究这些问题是一个挑战，应用的模型非常多，数据里面的逻辑关系也很乱，数据很容易出现各种各样的噪音，怎样把噪音控制下来也是我们面临的非常大的挑战。例如，BMI

是肥胖方面的指标,健康方面的指标,很多人说 BMI 越高,对身体越不好。但事实上,BMI 的指标对不同的人而言是不一样的。同样是锻炼健身,对于肥胖的人,他可能想把 BMI 降下去,但对于像我这种偏瘦的人而言,锻炼身体主要是想把 BMI 升上去,所以我们的数据就会产生噪音,那在研究中如何把这些噪声控制下来,是要我们去考虑的。说远一点,在我们的研究主题空间行为和规划上,孙老师说得非常好,他其实回到了我们大学时候学的一个早期的地理学思想——地理环境决定论,是受环境影响的。现在我们也看到,城市里面的建成环境深深影响了我们的行为和个人的身体健康。当然也包括一些大的社会背景性的、制度性的结构,例如比较交通规划和土地规划,中美制度差异是非常大的,国内非常重视土地规划,而美国则更强调交通规划的重要性,因为中国的建设用地太少了,规划作为一种公众服务政策,想要解决土地资源稀缺性的问题,而美国就是土地太多,爱怎么用就怎么用,美国所面临的问题就是将土地上、功能上分散的空间如何更好地连接起来,所以他们的公共政策解决的关键问题就是要提供空间均等性的服务。也就是说,不同的社会需求下,演化出来的城市规划是不一样。这是我的一些看法,谢谢!

第五部分
时空间行为主要专题研究

本次研讨会共设置了五个平行分会场,包括:"时空行为研究应用"、"交通与大数据应用"、"时空间结构"、"休闲、旅游与生活质量"、"安全、健康与出行"。91位代表分别在这五个专题分会场中进行发言,分享了各自最新的研究成果。

第一分会场　时空行为研究应用

主持人：刘志林　高晓路　袁媛

本会场当天轮流举办了五个专题汇报，分别为"时空行为研究应用：健康、环境与规划""交通与大数据应用""时空间结构""休闲、旅游与生活质量"和"安全、健康与出行"，共邀请26位专家学者和博士、硕士生在该会场进行汇报和展示，分别就有关时空行为、大数据与互联网分析、交通出行、居民日常活动空间等方面进行了成果交流与探讨。

专题1：时空行为研究应用：健康、环境与规划

本专题共有四位报告人，就时空行为研究在健康、环境和规划等方面的运用进行了介绍。陈碧宇老师针对当前如何在大数据环境下用时间地理的模式实现数据管理的问题，以线性参考系统作为出发点，利用GIS二维空间模型进行映射，提出将三维空间关系转化为二维空间关系的"压缩线性参考"（CLR）模型，并用深圳路网及出租车数据、手机数据实现了对模型的验证，提供了大数据下进行时空数据分析的新的技术性的可能；王茂老师的研究围绕"癌症村"的主题展开，针对个人的前期研究成果中样本量少、难以判定因果的不足，进一步探讨三个铅铬暴露区的铅铬暴露情况、癌症死亡率，多角度分析铅铬暴露程度与癌症死亡率之间的关联，以及在性别、年龄、癌症类别等方面的分异情况，并呼吁反思"癌症村"的称呼对当地村民产生的负面效应；张纯老师针对当前城市发展进程中的空气污染问题，从地级市和县级市的尺度构建了PM2.5的衡量模型，与先前研究的PM10情况进行对比，分析我国整体和局部的空气污染格局和区域之间的差异，探究PM2.5的影响因素并提出合理可行的政策建议；毛丰付老师以城市移民为关注点，采用在杭州、苏州、宁波、温州四城市进行问卷调查的方式，研究低技能劳动力自雇型创业空间的形成模式和影响因素，从经济学的角度总结出劳动力个体和不动产对创业模式的影响机制。

张晓玲教授对本场进行点评，她总结了该专题的汇报人从方法、理论、计量模型等方面对健康出行、交通、环境和社会城市空间经济的讨论，并对四位汇报者分别进行点评。张晓玲教授认为：陈碧宇老师的研究有利于推进成熟的GIS理论与时空研究理论实现更好的结合；王茂老师的研究体现了地理学在未来的发展中与社会科学、城市医疗等相结合的多学科交叉的发展方向；张纯老师开创性地从城市的角度填补了传统雾霾研究的空白，可以考量将除了城市形态以外的经济等因素引入模型；毛丰付老师开创性地从低技能劳动力创意空间来考量社会资本的形态，可以以未来低收入人口在城市中的落脚情况作为研究角度，并在城市经济学的模型中纳入大卫·哈维的地理学理论。

专题 2：交通与大数据应用

本专题共有七位报告人，就城市交通出行以及大数据在时空行为方面的研究应用进行了成果交流。刘鹏程以校园作为研究尺度，基于大学网络管理中心的学生上网数据，推进百度地图 API 的软件平台的开发，以实现 WIFI 上网数据可视化、学生上网信息的时空查询，并对大学生校园活动的时空特征进行了挖掘，探索出大学生上网的年级、功能分区、时段等分异规律，为接下来进一步探测学生的位置做好前期工作的铺垫；钟炜菁基于手机信令数据来研究上海城市活动空间的时空结构，改善了传统的基于物质空间和功能导向的静态空间分析方法，采用整体空间动态研究和典型基站、人群分类、用地分类选择相结合的研究方式，探索出上海城市活动的时间分布规律和空间强度差异，以及在一天中不同基站、不同人群、不同地下的空间动态变化，印证了手机信令数据研究的可行性；田金玲运用手机信令数据对上海市典型就业区——张江、金桥和陆家嘴三地的通勤特征进行了分析对比，利用上海市 2014 年的手机数据进行研究，从就业者居住空间分布情况、通勤方式差异、内部职住差异、通勤距离、通勤市场等方面，对区域内通勤空间和时间特征以及形成机制进行了分析与总结；马仁峰教授采用问卷调查和 SPSS 效用检测的研究方法，以石化炼化区周边居民区为研究对象，从不同性别、年龄层、街道尺度等角度探讨石化企业集聚对人居环境影响下的居民感知情况，并根据研究成果提出了产业升级、产业搬迁、扩展绿化带等破解石化工业区对居民影响的政策建议；冯苏苇基于当前大客流下轨道安检的重要性不断提升的背景，以动机—障碍—资源—策略（MORS）为理论框架，通过访谈和问卷的方法对上海轨道安检进行效率分析，并提出依据站点负荷和安检点不均衡系数来优化安检的政策建议；郭阡以苏州出租车数据作为研究数据，以交通小区作为研究单元，基于出租车客流信息，通过要素集聚、中心职能、影响腹地方面对苏州城市的多中心结构进行识别，并通过联系强度差异和变化趋势差异分析多中心格局特征，实现了从流空间的角度探索特大城市空间结构的实践性的突破；冯雷以现阶段城市密度计算的误区作为研究点，提出"加权城市密度（感知密度）"的新概念，并通过梯度性地选取日本城市进行城市密度对交通方式的影响的调研，将感知密度与实际居住密度进行比较，证实了感知密度与交通的线性关系更加明显，能够更好地拟合与交通的关系。

赵鹏军老师和钟韵老师对本场报告进行点评。赵鹏军老师认为：钟炜菁和田金玲的汇报基于手机数据实现了对城市活动空间的研究，契合会议主题，建议在理论上拔高，并考虑人对空间的感知；马仁峰教授很好地从大数据、新数据的视角对特殊空间进行了探究，建议考虑研究政策的出口;郭阡对城市多中心结构的测度方式新颖,不过需要考虑出租车的不间断性是否会对空间结构的测度产生影响;冯雷对城市密度的研究具有较好的创新性。钟韵老师从经济学的角度对本次专题汇报进行点评,肯定了大数据研究视角新颖,同时也提出当前该领域的发展依旧欠缺理论框架,且需要注意对数据库的可信度的评估,以及实现研究从大城市向中小等级城市的普及。

专题3:时空间结构

本专题共有四位汇报人,围绕时空间结构的主题向参会人员展示了有关职住平衡、活动空间、社区分异等方面的研究成果。蒋金亮以公交大数据在城市研究中不断运用作为背景,以不同线路的公交刷卡数据作为基础,通过构建模型实现对城镇等级、与周边城镇的联系强度、通勤人数、职住地点等的识别,并以连云港市和宜兴市 BRT 线路作为分析案例,针对其研究结论对公交线路和站点开发提出政策建议;张雪基于当前以人为核心的新型城镇化下对生活内部空间结构的关注,以地方秩序嵌套作为理论基础,以北京清河街道作为应用案例,探讨城市居民生活空间行为的地方秩序嵌套的模式;陈婷婷以保障性住房郊区化对居民出行行为的影响作为研究背景,选取了保障性住房研究范围,通过选取广州4个保障性住房社区来探讨居民职住不平衡现象及影响因素,并提出政策性建议;刘伯初主要研究的是转型背景下西宁城市居民日常活动空间的社区分异情况,选取了相对于北上广,建成环境和地理位置较为特殊的西宁市作为研究对象,选取10多个社区根据属性进行分类,从工作日和非工作日、工作活动和非工作活动的分类角度来探讨社区居民活动的空间特征,并对活动空间形态与面积的居住区进行分异测度。

评议环节中,北京大学的柴彦威教授、同济大学的王德教授、同济大学的杨东援教授和钟韵老师分别进行了点评。柴彦威教授认为,本专题的汇报形式好,内容具有启发性,建议加强对时空行为的多样性研究;王德教授同样提出了当前大数据研究分析尚处于探索阶段,鼓励从不同的视角进行研究和发掘;杨东援教授认为,当前时空分析已然成为热门主题,与当前国家发展中的需求变化紧密联系,并提出了对垂直空间进行时空结构分析的新视角,鼓励学者进行探讨和交流;钟韵教授认为,在大数据对传统问题研究过程中要注重数据精读和传统概念的界定,时间地理学在职住分析的应用中要更注重突出居住地、结合工作地等其他空间,进一步解释其形成机理。

专题4:休闲、旅游与生活质量

本专题共有六位汇报人,围绕有关居民休闲旅游活动和生活满意度等方面的研究重点进行了成果的汇报与交流。王侠以时间地理学作为理论依据,针对丽江甘海子景区当前存在的问题,基于游客在该景区的行为活动,从时间和空间两个维度对游客游览顺序和设施利用度进行调研,从交通、服务设施、景观等方面对当地旅游服务中心提出空间优化策略,并总结了当前旅游活动个体化、体验化、空间精细化等特征;张永明主要研究网络购物发展的背景下对不同区位的个人购物行为的影响情况,通过对南京市居民购物行为进行问卷调查,选择书籍和衣物分别作为典型的搜索性商品和体验性商品,根据购物过程和完成方式构建不同的购物模式,并将居民出行距离划分圈层,从而研究探讨不同区位的居民采取的购物模式的空间分异和规律;谢栋灿对传统的时空研究方法进行了范式转变,通过对上海市连续两周的手机信令数据进行提取分析,实现对上海市居民个体的活动模式识别、时空行为特征分析和规律性评价;陈卉主要探讨信息技术对于老年人社区生活满意度的影响,选取了南京市锁金社区作为研究范围,对社区内的样本进行描述性分析,并从社会支持、社区养老需求等方面实现信息技术对社会生活满意度的影响模型构建,研究成果体现出了智慧养老、信息支持对社区养老的重要性;肖作鹏研究物流与空间要素和社会要素形成的不同模式和分异对电商的影响,选取深圳市 10 个社区进行数据采集与分析,通过构建混合结构方程模型测度物流对电商产生影响的距离;陈梓峰针对当前城市规划郊区化,大数据的应用,经济发展新常态等趋势,提出以时间地理学为理论基础开辟新的思考方式,提出"城市设施时间规划"的概念,通过构建"时空棱柱"模型,分析城市设施于周边居民在时空间上的排斥或可达关系,从而保证城市设施对周边居民的公平性和可达性,并以上地华联购物中心作为实证案例进行分析。

张艳博士对本场进行点评。张博士提出,本次主题汇报总体来看议题丰富细致,且有明确的研究问题和规划导向;张永明将购物模式与地理学结合,研究网络购物的过程刻画深入,建议基于当地城市空间结构来划分居民出行圈层地带,并明确每种购物模式在居民生活中的定义;谢栋灿采用手机信令数据的研究方法新颖,建议进一步考虑该研究如何能够与人们的生活方式实现更好的结合;陈卉的研究中对于居民社交网络可以不局限于社区的尺度,同时在信息技术对社区内部社交网络的改变上可以进一步深化研究;肖作鹏的研究具有创新性,建议对研究中测度出的距离内的时空情景进一步提取挖掘;陈梓峰的研究建议突破传统的对潜在空间的研究方法,可以更多考虑公共服务设施的可达性,以及如何把个人的企划与组织的企划实现更好的匹配。

专题 5:安全、健康与出行

本专题共有四位汇报者,围绕以安全、健康与出行为主题的时空行为的研究进行了相关成果的分享。朱查松通过对厦门火车站片区和黄厝片区的酒店旅馆进行对比分析,研究互联网+时代下基于消费者视角的旅馆业空间布局的变化,研究得出网络对消费者行为的影响导致酒店竞争优势从"区位"到"服务"的转变,促使了并不具备传统区位优势的地区,即"弱区位"开始崛起;洛桑扎西针对当前时空间行为在室内尺度的研究空白,结合大数据分析的研究趋势,以南京虹悦城作为分析案例,通过 WIFI 定位数据探究消费者功能业态空间的选择和时间的利用的特征,分析城市商业现状和综合体业态在空间中的布局;常恩予以探讨互联网使用对居民社区参与度的影响作为研究目标,从五个维度、三个深度构建了研究框架,并从测度社区互联网使用、分析社区参与影响因素等方面进行探究,分析论证了互联网使用对社区参与度产生的正向作用并给出相关的建议;柴宏博以整体城市尺度加微观时间尺度的研究框架,从微观主体的层面探究城中村活动空间的变化,呈现城中村居民生活时空间生活变化规律和机理,探讨城中村个体居住空间与工作空间的联系模式,并得出城市职住空间互动形成城中村居民个体的多样化区位的结论。

张艳博士对本场进行点评。她肯定了本次主题汇报中研究成果在方法和视角的创新,并对四位汇报者分别进行了点评:朱查松的研究可以联系更多旅馆业区位变化的影响因素,并加强落实到空间布局;洛桑扎西的研究可以从垂直空间的角度进一步深化;常恩予可以进一步考虑在不同类型的社区中互联网对居民参与度的影响分异;柴宏博的研究建议对空间尺度进行再考量,并结合规划背景和实际情况,拔高理论意义。

至此,分会场专题汇报圆满结束。以本次分会场会议为平台,参会的专家学者不仅实现了在同领域学术研究的交流与探讨,更促进了与不同研究主题的学者们的互动与学习。五个专题汇报涵盖了时空行为研究的各个方面,且各个专题内容独到,特色鲜明,不仅向参会人员展示了当前空间行为与规划研究的多样性、大数据研究、实证模型构建等趋势,也展示了地理学在城市空间、交通出行、居民活动等方面斐然的研究成就和蓬勃的生命力。

记录整理:余洪杰　龙冬平(中山大学地理科学与规划学院)

第二分会场　交通与大数据应用

主持人：朱战强　张纯　朱玮

本分会场主要内容包括来自不同背景的16名专家学者从不同的研究尺度，采用不同的研究方法，依据不同的思路对交通这一重要时空行为载体分别作了阐述。各位研究者结合当今大数据的热点话题，有的将其作为新的研究素材运用到传统的研究中，赋予城市规划研究以新的活力，也有人针对新的研究数据提出对应的推荐方法，还有人在大数据的热潮下保持冷静，对数据质量及使用问题进行反思，等等。报告现场反应热烈，座无虚席，听众们积极提问，给出了很多中肯的反馈意见，擦亮了学术的火花。

第一节有五个报告。刘望保副教授利用369个城市之间的海量人口流动数据研究城市连接强度与体系，建立了人流集散层级、网络体系的分层集聚、人口流动格局与胡焕庸线的关系；尹春指出已有研究存在的问题是：关注有目的的出行如通勤，而较少关注拥有—选择—使用小汽车的影响因素；黄晓燕以西安地铁2号线附近800米居民区为研究范围，采用负二项回归研究方法，发现地铁对周围居住区的居民搬入前后的小汽车使用量有显著影响；马妍的研究背景是行为地理学，以资源环境为切入点，以计算机技术和城市模拟为基础，遵循"驱动要素（政策）—个体行为—空间格局变化—空间管理"研究思路，探讨区域及城乡规划相关政策引致空间、个体行为等相互作用；郝新华的研究是基于时空数据支持下的城市用地功能识别。

李渊老师和冯建喜老师点评，认为每个研究者都从不同的尺度、不同角度做了扎实基础的研究，同时也就挖掘城市与大数据背后的联系，以及大数据与规划的进一步结合提出了自己的建议。

第二节有六个报告。首先孔祥夫提出了基于对数正态分布和出租车数据的出行时间可靠性模型；王玮在移动互联网提供了海量的时空行为数据背景下，理解人的时空行为规律的基础上，探索基于个体位置的推荐算法；刘建政在大数据热的前提下，从对数据质量和使用问题两方面发表对大数据的反思；徐嘉勃提出了面向行为引导的控制性详细规划图则创行；李佳洺以北京和杭州为例，研究了基于微观数据的产业集聚；金乐天的研究首先对大数据产业进行分类，并指出各类大数据产业的区位偏好。

陈碧宇老师和李秋萍老师点评,指出了这几个研究的亮点同时也代表听众提出了一些疑问。

第三节有五个报告。林艳柳以荷兰的阿姆斯特丹、乌特勒支智慧城市项目为例,提出智慧治理模式和新型协作规划;高立晓在广州金沙洲轨道交通改善的条件下,提出了研究新的轨道交通系统对居民出行影响的技术方法——居民出行时间的时间向后推理方法,测量公交可达性变化;廖薇薇引入地理学中的时空可达性,建立基于层级路网与个体时空可达性的室内行人疏散模拟模型;陈世莉以上海市为例,基于公共交通数据分析了城市用地结构对居民出行效率的影响;赵倩基于刷卡大数据,定量分析公共自行车对提升城市宜居性的影响。

杨忍老师点评,他对每一个汇报都提出了改进的建议,并在最后针对交通与大数据的研究做了总结,至此,整个会场的报告就此圆满结束。

交通是时空间行为的重要载体,也是城市规划中重要的一环,在当今大数据时代条件下,人们的时空间行为既是大数据的来源,同样也越来越成为城市规划政策制定的重要依据和检验条件。从上面各位的汇报以及各位专家在主会场的报告就可以看出,如何把握三者之间的关系,利用好大数据已经成为时空间地理学的一个研究热点,相信在下届会议上我们会看到关于这方面更多、更成熟的研究,时空间地理学也会随着各位研究者的努力与时俱进。

记录整理:刘文娟　廖薇薇(中山大学地理科学与规划学院)

第三分会场　时空间结构

主持人:吴箐　阴劼　黄晓燕

本会场以"时空间结构"为议题,共邀请16位专家学者和博士、硕士生在该会场进行汇报和展示,分别就有关时空间结构等方面进行了成果交流与探讨。

第一节共有六位报告人,就时空间结构进行了汇报。秦萧以"信息时代远程办公与住房属性的关系研究——以荷兰为例"为题进行汇报。以荷兰社会和文化规划部(The SCP)和中央统计局(CBS)收集时间使用调查(time use survey,2011)为数据源,采用零膨胀负二项式逻辑回归的研究方法,研究了不同住房属性居民远程办公的使用特征,以及住房外在属性和内在属性对居民远程办公的影响。湛东升以"北京市居住与就业空间结构及其行业错位特征"为题进行汇报。研究数据为北京市工商企业登记数据和北京市人口普查年鉴。采用因子分析、空间自相关分组分析方法,分析了北京市的就业空间和居住空间分布特征,并研究了居住和就业空间类型区的行业空间错位。李壮以"Spatial and temporal impact of facilities on theft: an analysis of routine activity theory"为题进行汇报,研究了不同的公共设施对盗窃案件的时间和空间上的影响。数据来源包括盗窃案件发生的位置和居民出行调查数据。通过负二项回归的分析方法研究了不同时间、不同的设施对于盗窃案件的影响。陈逸敏以"基于社交媒体数据的建筑物尺度城市功能区识别"为题进行汇报,基于腾讯在线用户密度和建筑物边界数据,采用时序数据空间聚类的方法(DTW-distance-based AP-k-Medoids),功能类似的建筑物之间具有相似的 TUD 曲线形态的假定,从而完成建筑物尺度的城市功能区识别,并通过现场实地考察进行分类结果验证。阳文琦以"街区建成环境对居民出行特征影响分析——以武汉市8个街区为例"为题进行汇报。通过实地调查发放问卷的方法对武汉8个地块进行调查,在 SPSS 软件中采用相关分析和因子分析的研究方法,找出影响街区建成环境质量的重要因子,并对各街区的建成环境总体质量进行综合评分,再反观排序结果与居民出行特征之间的关联度。刘晔以"殊途?同归?1985~2005年户籍迁移和非户籍迁移行为的时空特征与影响因素"为题进行汇报。采用1990年人口普查数据和2005年百分之一人口抽样数据,采用随机效用框架最终得到研究结论——区域不均衡和经济理性的影响越来越大;户籍改革没有消除户籍和非户籍迁移的差异;户口越来越像一种商品。

姚栋教授和庞瑞秋副教授进行点评，总结了该专题的汇报人从方法、理论、计量模型等方面所做的工作，并对六位汇报者分别进行点评。两位教授认为六位汇报者的研究都各有其重要意义，而研究问题也来自于不同的领域，并对各个汇报人的研究提出建设性的意见，同时也对青年科研人员提出自己的建议，希望大家能够在大数据的潮流之下保持自己的冷静思考，把握好作为地理学者最重要的也是最本质的技能——地理学的基本思想，而大数据的这些技术和方法都是工具，最重要的还是自己的思考能力。

第二节共有六位报告人，报告主题还是"时空间结构"。宋广文以"城市公共交通对犯罪时空格局的影响"为题进行汇报，研究了不同的公共交通工具对盗窃案件的时间和空间上的影响。数据来源包括：盗窃案件发生的位置，居民出行调查数据。通过负二项回归的分析方法研究了不同的时间、不同的设施对于盗窃案件的影响。王腾以"Mapping Dynamic Urban Land Use Patterns With Crowdsourced Geo-tagged Social Media (Sina-Weibo) and Points of Interests (POI) in China"为题进行汇报。基于北京市新浪微博数据和POI数据，基于文本学习的深度学习算法，以及聚类算法分出来七个典型类别，并对每一类的数据进行深度分析，通过其特征找出实际的地理特征。殷江滨以"Exploring residential preference and dissonance in Xi'an, China: a comparison with Minneapolis, USA"为题进行汇报。通过对比西安和明尼阿波利斯两个城市的居民居住倾向调查，最终得到两个城市居民对于居住区的选择的相同和不同之处，并分析其内在原因。谢蔚翰以"基于地理加权回归泊松分布的土地利用对街头抢劫的影响分析"为题进行汇报。基于H市街头抢劫数据和土地利用数据，以地理加权回归的泊松分布的分析方法，分析居住用地、商服用地、工业用地、公园绿地和道路用地类型与抢劫案件的相关关系。杜晓娟以"基于电子商务势能的中国城市体系与形成机制——以阿里巴巴集团为例"为题进行汇报。基于阿里巴巴网站、淘宝和天猫网站的数据，构建城市电子商务指数对电子商务城市进行等级划分，并基于电子商务势能的城市空间体系空间特征进行分析，探究其形成机制。周恺"以基于新技术的历史街区（村落）空间数据智慧管理"为题进行汇报。以长沙市为例进行历史文化名城空间数据库建设，建立长沙历史街巷GIS保护评价模型，得出长沙历史街巷的特征保护建议、分级保护建议、保护紧迫度建议，建立长沙历史文化名城网络平台——Web-GIS，预判地下历史资源点位置。

李栋高级工程师和王少剑老师分别对各位汇报者的研究内容进行了评价，同时给出进一步研究的建议。其中对宋广文和谢蔚翰的犯罪地理学的研究给予了高度评价，并建议其进一步深入研究，能够对现实的犯罪管理提出一些建议，例如如何减少犯罪。对于周恺老师的历史街区管理也给予了很高的评价，是一个非常好的应用案例，虽然涉及的技术并不是很复杂，但是实用性非常高，并且能够拓宽到群众认知度，非常有价值。

第三节共有四位汇报人,围绕时空间结构的主题向参会人员展示了有关城市群研究和保障房方面的研究成果。邱君丽以"市场转型期城市保障房住区的类型、特征及产生机制:以广州市为例"进行汇报。全面详细地介绍了广州市的保障房的政策历史和空间分布,研究显示中央宏观政策对地方住房保障实践的"强"约束性;地方政府促进城市增长的理性决策起主导作用;福利分房制度惯性(单位住房保障)、市场力量(地产商)、社会力量(媒体和社会公众)均在住房保障发展的不同阶段发挥作用,但地方政府主导仍然是主要作用。在为低收入群体供应住房的过程和决策中,低收入群体的话语权缺失。程梦以"基于职住关系的保障性住房选址策略研究"为题进行汇报,分析了武汉市的保障性住房的政策和发展历史,并对武汉两个小区的居民日常活动与出行进行调查分析,得出现状保障性住房选址的特征。陈云谦以"城市群发展范围划定——基于稳定夜间灯数据"进行汇报。基于全国夜间灯光数据,以 DN>50 为阈值确定核心区,并以引力模型进行计算,划分出城市群范围。同时引入了空间句法理论,进一步完善了城市群划分。林浩曦"尺度的跨越——城市与城市群空间演化模拟对比:以京津冀城市群和常州市为例"为题进行汇报。以元胞自动机的研究方法,对京津冀城市群区域进行划分和模拟。并基于城镇化发展速度的情景设定、规划政策引导的情景设定、生态格局保护的情景设定三种设定进行情景模拟。

评议环节中,冯建喜和黄晓燕两位老师分别进行了点评。两位老师针对本小节的两个主题:城市群和保障房研究进行了评价,并提出了建议,建议保障房的研究不要局限于一个地方,如果能够对全国的政策进行研究,并发现其中内在的相同因素将会更有价值;而城市群的研究已经不再像之前只是采用年鉴数据基于行政边界的研究,现在运用 GIS 技术能够更加精细的进行城市群研究,但是也可以跟原始的研究方法进行对比。

记录整理:李璐　谢蔚翰(中山大学地理科学与规划学院)

第四分会场　休闲、旅游与生活质量

主持人：赵莹　刘望保

当天共有15位专家学者在分会场做主题报告，共同围绕休闲、旅游与生活质量等多个相关专题进行了研究成果的评议和互动讨论。

在时空行为研究的理论层面，赵莹在"自由流动空间的时空可达性"的选题背景下，利用香港海洋公园的GPS跟踪数据建立分析模型，深入探讨表演活动对旅游者活动空间的影响。范红蕾深入研究回族穆斯林的信仰空间，从回族穆斯林居住变迁的行为特点分析信仰空间的变化格局及背后成因。古杰基于女性主义视角，别开生面地分析广州居民日常出行的时空路径，探讨女性居民出行的弹性与刚性及时间分配。齐兰兰基于社会阶层分化的独特视野，研究不同社会阶层在工作日、休息日的日常行为的时空间特征。代丹丹根据文献和相关标准筛选出广州的中产阶级，研究其时空间特征，并对中产阶级和中低收入者的日常活动时空间进行对比。这些研究均为时空行为的理论研究提供新视角。

在时空行为的实证研究方面，李渊以鼓浪屿为例，分别运用GPS数据和传统问卷调查数据对游客的空间认知和空间行为进行对比研究，深入分析不同方法的分析精度，揭示游客空间认知与行为之间的有趣规律。

在时空数据挖掘方面，乔梦玲使用点评数据，同时对比问卷调查数据探测城市商业服务设施的空间分布特征及城市居民对其满意度的变化趋势。付小康巧妙挖掘实时社交媒体数据，构建应急信息实时分类模型，对不同突发事件进行深入的时空分析。杜龙江详细介绍古代舆图的概念、来源，深入解读舆图的内涵，生动形象地分析古代舆图蕴藏的大数据。这些研究均为时空行为的研究提供新方法、新思路。

在生活质量研究方面，朱志强聚焦城市居民休闲健身活动，设定多项影响因素、建立结构模型，详细论证制约居民休闲健身的因素和制约机制。冯建喜通过设计发放居民出行日志，深入访谈老年人生活质量，对老年人的出行活动、生活质量及城市建成环境进行深入分析。这些研究从不同角度关注城市居民生活质量，体现以人为本的思想。

在居民满意度评价及情绪测度方面，党云晓分别从城市之间的尺度和城市内部的尺度建立多层级模型，探究影响居民生活满意度的主要因素。曹阳基于手机话务量数据，通过城市设施服务满意度、评价满意度、情绪测度研究城市居民生活的满意度评价,为规划应对提供基础。王丰龙剖析幸福感的概念,建立多层次模型,深入探讨城市建成环境对居民主观幸福感的影响,并提出政策建议。张娜聚焦城市居民健身活动空间,通过主成分分析建立多层次模糊综合评价模型和 IPA 模型,探讨城市居民对该类空间的满意度评价。这些研究均为测度居民的主观感受和情绪提供新思路。

本分会场基于时间和空间维度,从丰富的视角对城市居民的休闲、旅游与生活质量进行深入探讨,深化时空行为研究的同时提供有益补充。评议人对各位专家学者的主题报告均进行了深度点评,并提出完善建议。在场的专家学者有问有答,交流愉快,学术氛围浓厚,获益良多。

记录整理:冯嘉欣　杜方叶(中山大学地理科学与规划学院)

第五分会场　安全、健康与出行

主持人：王茂　庄斯友　刘立欣

当天共有 18 位专家学者在分会场中做主题报告，柴彦威教授、曹新宇教授等数十位专家学者也参与到该分会场中，共同围绕安全、健康、出行等多个相关专题进行了研究成果的评议和互动讨论。

在时空行为研究的理论层面，尹章才教授对概率时间地理学的形成和基本原理进行了深入探讨，研究了移动对象时空不确定性的概率建模，以及对象之间随机相遇的概率算法；张艳老师在时间地理学的再思考中重新审视了时空中的个体行为，为不同尺度下开展综合性的地域时空分析和规划提供基础。这些研究对时空行为的理论提供了有益的补充。

在时空间应用方面做的具体性的实证研究：肖露子博士通过建立模型对地铁犯罪的空间分布规律及其影响因素进行研究，为公安部门打击犯罪分子以及为居民日常防范地铁盗窃提供分析的依据；姜伟基于社交媒体反映城市污染状况，推测城市整体空气质量以及细粒度区域性的空气质量；申悦老师基于上海市流动人口与户籍人口的对比，研究了城市空间与就医行为的相互作用，同时充分考虑在个人社会经济属性与制度性因素的基础上，空间要素对居民就医行为产生的影响；在出行方面，马静老师研究了北京市环境危害的三个主要风险及其对公众健康的影响，对环境公正、交通出行与健康不平等问题进行了探讨；姚明珠博士基于博弈论对家庭购车和时间分配安排决策进行了研究；塔娜博士以北京市郊区居民活动出行数据为基础，对居民早晚通勤及其通勤效率进行分析，以理解居民通勤的影响因素，并为公共政策提供参考；何嘉明基于女性主义视角对广州市居民日常出行的性别差异做了深入研究；宋江宇对工作日居民日常活动时空弹性及其影响机制进行深入探讨；席广亮以南京市为例，探讨了网络购物与实体购物的关系及其对出行的影响，思考在网络购物情况下所带来的交通以及物流配送系统问题；陈宏胜以上海为例，说明了中国大城市流动人口的城市融合与家庭城乡迁居决策的研究，强调了目前家庭团聚因素以及农村土地制度对城乡迁居的影响；梁嘉贤基于时空利用模型对购物可达性进行深入阐释；阎宏借助多元线性回归模型就城市建成环境与通勤时耗的关系做出了细致阐述；在不同交通方式上，李婷基于高铁出行前后衔接链的出行行为研究、高铁出行链前后衔接及其影响因素、前后出行链的满意度，研究了城市内部基于高铁出行的流动强度和空间特征；唐佳突破已有研究，聚焦高铁带来的影响，从人的视角探究基于出行链的高铁"流空间"研究框架；许俊萍利用微观数据对厦门BRT周边的步行环境基础设施做出评价；赵虎老师通过对济南中心城区BRT沿线的就业者的通勤特征及影响因素的分析，探讨了BRT对职住平衡的影响。这些应用研究对时空行为的理论、机制研究提供了多样的城市规划和管理的应用出口。

记录整理：宋江宇　何嘉明（中山大学地理科学与规划学院）

结　　语

中国城市时空行为研究网络(Urban China Spatial-temporal Behavior Research Network / UCSB)发端于2005年10月在北京大学成立的"空间行为与规划研究会",国际化网络起始于2015年4月美国地理学家协会年会的中国城市时空行为与规划分会场。研究网络的主旨在于构建中国城市研究与规划的时空行为理论与方法论,推动时空行为研究在中国城市规划与管理中的广泛应用。本次空间行为与规划研究会暨"时空行为研究与应用前沿"学术研讨会是该网络建立以来的第十一次会议,吸引了大批海内外学者的关注。本书整理了该会议的实况,以期与读者分享本领域的最新研究进展。

会议主办单位：
中山大学地理科学与规划学院
中国城市时空行为研究网络(Urban China Spatial-temporal Behavior Research Network)

会议承办单位： 中山大学地理科学与规划学院 综合地理信息研究中心

会议协办单位：
中国地理学会城市地理专业委员会
北京大学智慧城市研究与规划中心
南京大学智慧城市研究院
同济大学城乡规划方法与技术学科团队
香港浸会大学中国城市与区域研究中心
中山大学城市与区域研究中心
中山大学城市化研究院

第十一次空间行为与规划研究会暨"时空行为研究与应用前沿"学术研讨会参会人员名单

（不含未正式报名或签到者，按姓氏汉语拼音音序排列）

保继刚	中山大学	陈慧娇	中山大学
保毅彪	广州大学	陈罗烨	北京大学
曹祺文	北京大学	陈美娟	中山大学
曹新宇	明尼苏达大学	陈润泽	华南理工大学
曹　阳	南京大学	陈世莉	中山大学
曹越皓	重庆大学	陈婷婷	香港理工大学
柴宏博	北京大学	陈晓红	哈尔滨师范大学
柴彦威	北京大学	陈逸敏	中山大学
产斯友	中山大学	陈宇明	北京大学
昌尧霖	同济大学	陈云谦	北京大学
常恩予	南京大学	陈梓烽	香港大学
晁　怡	中国地质大学（武汉）	陈紫花	中山大学
陈碧宇	武汉大学	成晓强	武汉大学
陈　晨	东北师范大学	程　林	陕西师范大学
陈　晨	沈阳市规划设计研究院	程　梦	华中科技大学
陈　春	重庆交通大学	初松峰	厦门大学
陈德轩	牛津大学	代兵兵	北京大学
陈　飞	中国科学院深圳先进技术研究院	代丹丹	中山大学
陈广照	中山大学	党耀县	广州星博科技有限公司
陈宏胜	东南大学	党云晓	中国科学院地理科学与资源研究所
陈　辉	安阳师范学院	邓超男	湖南师范大学
陈　卉	南京大学	邓清华	中山大学

邓 伟	中国科学院成都山地灾害与环境研究所	郭文佰	香港大学
		郭 轩	南京大学
丁 亮	同济大学	郭 祎	西安外国语大学
杜方叶	中山大学	郭宇柏	中山大学
杜龙江	中国水利水电科学研究院	韩春华	昆明理工大学
杜宁睿	武汉大学	韩 锐	中铁地产
杜培军	南京大学	韩 汶	昆明理工大学科技产业经营管理有限公司
杜晓娟	南京大学		
段 杰	深圳大学	郝新华	北京清华同衡规划设计研究院
范红蕾	北京大学深圳研究生院	何保红	昆明理工大学
方中楠	北京大学	何菡娜	北京市城市规划设计研究院
冯嘉欣	中山大学	何嘉明	中山大学
冯建喜	南京大学	何 婧	中南林业科技大学
冯 雷	中山大学	何明哲	哈尔滨师范大学
冯梅花	中国科学院南海海洋研究所	何 诗	北京大学
冯明翔	武汉大学	何书金	《地理学报》编辑部
冯苏苇	上海财经大学	何 彦	昆明理工大学
冯艳芳	首都师范大学	胡 慧	中山大学
付小康	武汉大学	胡家蒙	武汉大学
高长海	安阳师范学院	胡明星	东南大学
高立晓	中山大学	胡培婷	中山大学
高丽萍	首都师范大学	胡宪洋	中山大学
高良鹏	东南大学	胡哲超	北京大学
高晓路	中国科学院地理科学与资源研究所	扈龑喆	同济大学
耿艳妍	中国城市规划设计研究院	华金航	西安外国语大学
龚君芳	中国地质大学（武汉）	黄 波	香港中文大学
古 杰	深圳规划院	黄光庆	《热带地理》编辑部
古叶恒	中山大学	黄建中	《城市规划学刊》编辑部
关美宝	美国伊利诺伊州立大学香槟分校	黄 娟	贵州黔南民族师院
关 舒	中国科学院深圳先进技术研究院	黄莉雅	中山大学
管 芳	中山大学	黄秋楣	中山大学
桂志鹏	武汉大学	黄潇婷	山东大学

黄晓梅	华南理工大学	李骞	中山大学
黄晓燕	陕西师范大学	李清泉	深圳大学
江垚川	上海师范大学	李秋萍	中山大学
姜超	中山大学	李少英	广州大学
姜海宁	浙江师范大学	李晟	南华大学
姜伟	武汉大学	李世杰	河南省科学院地理研究所
姜炎峰	广州大学	李婷	南京大学
蒋金亮	江苏省城市规划设计研究院	李卫锋	香港大学
焦亚波	南京邮电大学	李响	华东师范大学
金乐天	中山大学	李想	中山大学
金鑫	荷兰乌特勒支大学	李宇青	西安外国语大学
景钦隆	中山大学	李渊	厦门大学
孔祥夫	北京大学	李占锋	国防科学技术大学
赖亚妮	深圳大学	李镇辉	昆明理工大学
黎朋	中山大学	李壮	中山大学
李博	北京大学	梁嘉贤	中山大学
李德云	首都师范大学	梁育填	中山大学
李东泉	中国人民大学	廖薇薇	中山大学
李栋	中国城市规划设计研究院	廖星	北京大学
李荷	重庆大学	廖雪琴	华中师范大学
李郁	中山大学	林岚	福建师范大学
李焕	南京大学	林楚贤	广州大学
李佳洺	中国科学院地理科学与资源研究所	林浩曦	中国科学院地理科学与资源研究所
李坚诚	韩山师范学院	林静	中山大学
李九全	《人文地理》编辑部	林伟龙	中山大学
李娟	商务印书馆	林艳柳	荷兰乌特勒支大学
李军	中山大学	凌琳	中南大学
李浪姣	武汉大学	凌展翅	中山大学
李立勋	中山大学	刘伯初	北京大学
李璐	中山大学	刘冲	湖南大学
李平	商务印书馆	刘格格	武汉大学
李奇虎	西安科技大学	刘耿	中南大学

刘宏燕	南京邮电大学	马仁锋	宁波大学
刘　佳	哈尔滨师范大学	马　妍	福州大学
刘嘉平	弘易互联网金融公司	马远方	华中师范大学
刘建政	香港大学	毛丰付	浙江工商大学
刘　凯	中山大学	茅明睿	北京市城市规划设计研究院
刘珂庆	中山大学	孟　斌	北京联合大学
刘立欣	中山大学	潘兰英	湖南大学
刘鲁论	中山大学	潘蔚云	中山大学
刘　淼	上海城市规划设计院	庞瑞秋	东北师范大学
刘　敏	首都师范大学	彭　蕾	同济大学
刘鹏程	华中师范大学	彭力恒	中国地质大学（武汉）
刘倩梦	西安外国语大学	齐兰兰	广东轻工职业技术学院
刘倩倩	中国科学院地理科学与资源研究所	齐英茜	首都师范大学
刘天媛	北卡罗来纳大学教堂山分校	乔梦玲	武汉大学
刘　霆	首都师范大学	秦　萧	南京大学
刘望保	华南师范大学	秦自成	华中师范大学
刘　卫	中山大学	邱君丽	华南理工大学
刘文娟	中山大学	曲　欢	北京大学
刘文平	华中农业大学	任灵晶	北京大学
刘小茜	中国科学院地理科学与资源研究所	邵　静	首都师范大学
刘行健	香港大学	申　悦	华东师范大学
刘延序	北京大学	石亚男	中国城市规划设计研究院
刘　阳	昆明理工大学	石　艳	广州大学
刘　晔	香港中文大学	司建平	山东建筑大学
刘　瑜	北京大学	司梦林	北京大学
刘云刚	中山大学	宋江宇	中山大学
刘志林	清华大学	宋　晓	中国科学院深圳先进技术研究院
柳　林	中山大学	宋雪茜	成都信息工程大学
龙冬平	中山大学	宋　飏	东北师范大学
吕　迎	河南省科学院地理研究所	苏秋红	福建师范大学
罗桑扎西	南京大学	孙斌栋	华东师范大学
马　静	北京师范大学	孙贵博	香港中文大学

孙华中	哈尔滨工业大学	王　腾	武汉大学
孙　艳	首都经济贸易大学	王　伟	北京大学
孙玉霞	中山大学	王　玮	北京大学
孙志涛	《国际城市规划》编辑部	王　侠	西安建筑科技大学
塔　娜	华东师范大学	王先伟	中山大学
谭达贤	澳门培正中学	王兴平	东南大学
唐　佳	南京大学	王艳东	武汉大学
唐梁博	广州大学	王　莹	湖南师范大学
唐源琦	华南理工大学	王珍珍	香港中文大学
田金玲	同济大学	王桢栋	同济大学
佟连军	《地理科学》编辑部	魏敏莹	中山大学
涂　伟	深圳大学	魏　晓	首都师范大学
万鲁河	哈尔滨师范大学	魏宗财	香港大学
汪　浩	同济大学	翁时秀	中山大学
汪敬开	香港中文大学	吴光周	北京大学深圳研究生院
汪　伟	中国科学院深圳先进技术研究院	吴康敏	中科院南海所
王贝贝	中山大学	吴　康	首都经济贸易大学
王　蓓	北京城市规划设计研究院	吴　骞	重庆大学
王博雅	中山大学	吴　箐	中山大学
王琛芳	重庆大学	吴饶福	广州地理所
王大山	中山大学	吴相利	哈尔滨师范大学
王　德	同济大学	吴宇哲	浙江大学
王冬根	香港浸会大学	席广亮	南京大学
王丰龙	华东师范大学	夏　菁	东南大学
王　锋	中国矿业大学	夏丽爽	哈尔滨师范大学
王江浩	中国科学院地理科学与资源研究所	萧世伦	深圳大学
王　劲	中山大学	肖爱耿	中山大学
王　琳	首都师范大学	肖建能	中山大学
王　茂	中山大学	肖作鹏	香港大学
王　琪	太原市基础地理数据中心	谢栋灿	同济大学
王　全	上海城市规划设计院	谢芳梅	中山大学
王少剑	中山大学	谢　昊	中山大学

谢嘉宬	厦门大学	杨蕊源	重庆大学
谢婉莹	福建师范大学	杨　伟	武汉大学
谢蔚翰	中山大学	杨文代	中山大学
谢　鑫	重庆大学	杨喜平	武汉大学
幸丽君	武汉大学	杨　艳	中国人民公安大学
徐　冲	广州大学	杨永崇	西安科技大学
徐红罡	中山大学	杨　雨	湖南师范大学
徐嘉勃	东南大学	姚　栋	同济大学
徐磊青	同济大学	姚　飞	北京大学
徐梦麦	中山大学	姚　凯	上海同济规划院总体规划院
徐蜀辰	同济大学	姚明珠	香港浸会大学
徐怡珊	西安交通大学	叶　丹	华中师范大学
徐知劲	佛山规划院	叶　欢	哈尔滨工业大学
许俊萍	Texas A&M University; Xiamen High-Level Returnee (short service)	叶　林	中山大学
		叶信岳	Kent State University
		易生红	华东师范大学
许文强	长沙市规划信息服务中心	阴　劼	北京大学深圳研究生院
许玉萍	华中师范大学	殷江滨	陕西师范大学
薛　领	北京大学	尹　春	华东师范大学
严　妍	湖南大学	尹　罡	湖南城市学院
阎　宏	华东师范大学	尹桂元	广州星博科技有限公司
阳文琦	华中科技大学	尹　凌	中国科学院深圳先进技术研究院
杨东援	同济大学	尹璐璐	西安外国语大学
杨鸿雁	贵州省凯里市第一中学	尹章才	武汉理工大学
杨焕梅	西安科技大学	于正松	安阳师范学院
杨家文	北京大学深圳研究院	余洪杰	中山大学
杨俊艳	太原市基础地理数据院	余加丽	中国城市规划设计研究院
杨俊宴	东南大学	袁　满	武汉大学
杨　莉	南京邮电大学	袁奇峰	中山大学
杨　鹏	中山大学	袁文润	湖南大学
杨　琴	华中师范大学	袁　媛	中山大学
杨　忍	中山大学	云新伟	北京师范大学

曾伟平	湖南师范大学	张　雪	北京大学
翟宝昕	同济大学	张　艳	北京联合大学
湛东升	中国科学院地理科学与资源研究所	张永明	南京大学
张安琪	北京大学	张振国	大连民族大学
张　岸	中国科学院地理科学与资源研究所	赵冠伟	广州大学
张百献	中山大学	赵光影	哈尔滨师范大学
张　纯	北京交通大学	赵　虎	山东建筑大学
张　德	首都经济贸易大学	赵　婕	《现代城市研究》编辑部
张　东	中山大学	赵明月	北京大学
张冬良	广州地理研究所	赵鹏军	北京大学
张冬有	哈尔滨师范大学	赵　倩	江苏省城市规划设计研究院
张发明	武汉大学	赵　妍	西安外国语大学
张海霞	浙江工商大学	赵　莹	中山大学
张海洋	北京大学	赵志远	中国科学院深圳先进技术研究院
张红云	中国农业大学	甄　峰	南京大学
张　宏	河南省科学院地理研究所	郑海霞	北京联合大学
张洪辉	长沙市规划信息服务中心	郑红霞	哈尔滨工业大学
张景秋	北京联合大学	郑　伟	哈尔滨师范大学
张　婧	东北师范大学	郑伟民	厦门大学
张丽男	北京大学	郑文升	华中师范大学
张俪璇	湖南师范大学	钟　玲	北京大学
张　琳	大连理工大学	钟炜菁	同济大学
张　麟	中山大学	钟　炜	同济大学
张　娜	福建师范大学	钟　烨	华南理工大学
张平成	华南理工大学	钟奕纯	北京大学
张朴华	北京大学	周　洋	东南大学
张　茜	北京大学	周春山	中山大学
张文忠	中国科学院地理科学与资源研究所	周国华	湖南师范大学
张曦文	北京大学	周　恺	湖南大学
张香君	湖南师范大学	周　檬	香港浸会大学
张潇丹	湖南大学	周　琪	中国地质大学
张晓玲	香港城市大学	周淑丽	中山大学

周素红	中山大学	朱晓华	《地理研究》编辑部
周戏浪	湖南师范大学	朱战强	中山大学
周　笑	首都师范大学	朱志强	福建师范大学
周秀慧	南京邮电大学	卓　莉	中山大学
朱查松	厦门大学	邹永华	南京财经大学
朱　玮	同济大学		